# HEINE IN GÖTTINGEN

# Heine in Göttingen

*Herausgegeben und kommentiert von*
RODERICH SCHMIDT

SATZWERK VERLAG

*Umschlagabbildung:*
Moritz Daniel Oppenheim: *Heinrich Heine, 1831*

*Bibliographische Information der Deutschen Bibliothek:*
Die Deutsche Bibliothek verzeichnet diese Publikation
in der Deutschen Nationalbibliographie; detaillierte
bibliographische Daten sind im Internet
über http://dnb.ddb.de abrufbar.

Erste Auflage 2004
Originalausgabe
Alle Rechte vorbehalten
© 2004 by Satzwerk Verlag, Göttingen

Gesamtherstellung:
Satzwerk, Göttingen

Druck und Bindung:
Druckhaus Thomas Müntzer, Bad Langensalza

*www.satzwerk.de*

ISBN 3-930333-52-X

Zu Göttingen blüht die Wissenschaft,
Doch bringt sie keine Früchte.
Ich kam dort durch in stockfinstrer Nacht,
Sah nirgendswo ein Lichte.

*Der Tannhäuser. Eine Legende,* B IV/S. 355

# INHALT

# I
# Im »gelehrten Kuhstall«

*Heinrich Heine in Göttingen.*
*Eine Einführung*

>*Als ich die Universität bezog, waren die Geschäfte meines Vaters in sehr traurigem Zustand, und meine Mutter verkaufte ihren Schmuck, Halsband und Ohrringe von großem Werte, um mir das Auskommen für die vier ersten Universitätsjahre zu sichern«.*

*Memoiren, B VI/I, S. 563*

Ende September des Jahres 1820 traf Harry Heine nach einer Fußwanderung durch Westfalen in Göttingen ein. Der Familienrat hatte beschlossen, er solle die erst 1818 gegründete Universität Bonn verlassen, um an der berühmten Göttinger Georgia Augusta weiterzustudieren. Er immatrikulierte sich am 4. Oktober an der Juristischen Fakultät für das am 16. Oktober beginnende Wintersemester.

Heines Interesse galt jedoch weniger der Juristerei. Er zog es vor, Vorlesungen der Philosophischen Fakultät zu besuchen. Bei Professor Benecke hörte er »Althochdeutsche Sprache und Literatur«, bei Bouterwek »Logik und die übrigen Vorkenntnisse der Philosophie« und bei Sartorius »Die Geschichte des Mittelalters und der neuern Zeit«. Zu letzterem entwickelte sich ein besonders gutes Verhältnis, weil Hofrat Sartorius Heines Gedichte schätzte. Das Ende Oktober 1820 entstandene Sonett »An den Hofrat Georg S. in Göttingen« ist Ausdruck dieser Wertschätzung.

Heine fand Unterkunft bei der Witwe Winnicker in der Jüdenstraße 16 (früher Haus Nr. 460). Er schloß sich einer Burschenschaft an, nahm aber selten an deren Geselligkeiten teil. Von den Studenten, mit denen Heine verkehrte, seien der Lyriker Philipp Spitta, Heinrich Straube und vor allem Hinrich Kitzler erwähnt, den er in den »Elementargeistern« als Vorbild für den äußerst selbstkritischen Schriftsteller wählt, der seine fertiggestellten Werke lieber verbrennt, als sie möglichen Angriffen auszusetzen.

Schon nach einem Monat bereute Heine, Bonn verlassen zu haben und sehnte sich nach seinen Freunden; seine Briefe aus dieser Zeit sind voller Klagen.

Er schrieb in diesem ersten Göttinger Semester einige Gedichte und arbeitete an der Tragödie »Almansor«, deren dritter Akt in jenen Wochen entstand. Später verwarf er die Einteilung in einzelne Akte. In dieser Tragödie gestaltet Heine eine Liebesgeschichte aus der Zeit um 1600, die an den Konflikten um die Vertreibung der Mauren aus Spanien durch die Christen zerbricht. Dabei wurde u. a. der Koran von Christen verbrannt. Heine kommentiert dieses Ereignis mit den vielzitierten, prophetischen Versen, die im »Dritten Reich« grausam in Erfüllung gehen sollten:

Das war ein Vorspiel nur, dort wo man Bücher
Verbrennt, verbrennt man auch am Ende Menschen.

*B I, S. 284 f.*

Dieser Text steht auch auf einer Mahntafel zur Erinnerung an die am 10. Mai 1933 durch die Nationalsozialisten auf dem Göttinger Albaniplatz erfolgte Bücherverbrennung.

Mit einem Brief vom 7. November 1820 bot Heine dem Verleger Friedrich August Brockhaus in Leipzig seine Gedichte unter dem Titel »Traum und Lied« zur Veröffentlichung an. Brockhaus aber lehnte ab. In einem Brief vom 4.2.1821 an seinen ehemaligen Bonner Kommilitonen Steinmann tröstete sich Heine: »Es ist dem großen Goethe eben so gegangen mit seinem ersten Produkt«.

Bei einem Streit mit dem Studenten Wilhelm Wiebel fühlte sich Heine beleidigt und forderte daraufhin Wiebel Anfang Dezember 1820 zum Duell. Die Angelegenheit kam vor den Prorektor Tychsen und anschließend zu mehrfachen Verhandlungen vor dem Universitätsgericht. Das im Januar 1821 verkündete Urteil schloß Heine für ein halbes Jahr vom Studium an der Georgia Augusta aus (»consilium abeundi«).

Auch aus der Burschenschaft wurde Heine wegen angeblichen »Vergehens gegen die Keuschheit« ausgeschlossen. Vermutlich war das jedoch nicht der wirkliche Grund, denn alle Burschenschaften nahmen zu dieser Zeit prinzipiell keine Juden mehr auf, oder sie trennten sich von ihnen mit fadenscheinigen Begründungen.

Bevor er Göttingen am 6. Februar 1821 verließ, las Heine einigen Mitstudenten den fast vollendeten »Almansor« vor. Dann reiste er nach Hamburg, um mit seinem Onkel Salomon über die Fortführung seines Studiums an einer anderen Universität zu verhandeln.

*Wieder in Göttingen. 1824*

Nach dreijährigem Aufenthalt in Berlin kehrte Heine am 24. Januar 1824 nach Göttingen zurück und immatrikulierte sich am 30. Januar erneut an der Georgia Augusta, mit dem festen Vorsatz: »Ich werde mir Mühe geben, daß ich hier nicht von der poetischen Seite bekannt werde.« (Brief vom

26.1.1824 an Rudolf Christiani). Er wollte sein ungeliebtes Jurastudium möglichst schnell hinter sich bringen. Deshalb hörte er bei Professor Anton Bauer die Vorlesung »Enzyklopädie des gesamten Rechts« und bei Professor Georg J. F. Meister »Das Kriminalrecht nebst dem Kriminalprozeß« sowie »Die Theorie des bürgerlichen Prozesses«.

Die vorlesungsfreie Zeit im April verbrachte Heine bei seinen Freunden in Berlin, vor allem um sein getrübtes Verhältnis zu dem einflußreichen Karl August Varnhagen von Ense wieder zu ordnen.

Am 7. Mai kehrte er mit viertägiger Verspätung in das Sommersemester zurück und besuchte erneut Vorlesungen bei Anton Bauer (»Das Kriminalrecht«) und bei Georg J. F. Meister (»Die Pandekten, oder ein allgemeines System des heutigen Zivilrechts«).

Seine Wohnungen in den ersten Monaten des Jahres 1824: Rote Straße 25 (früher 301a) bei Witwe Brandes, Groner Straße 4 bei dem Fabrikanten Eberwein und Goetheallee 15 bei der Amtmannwitwe Collmann.

Am 14. Juni 1824 lernte Heine den um einige Jahre jüngeren Jurastudenten Eduard Wedekind kennen, mit dem er in den nächsten Monaten häufig verkehrte. Wedekind hat zahlreiche Gespräche und Begebenheiten mit Heine in einem Tagebuch aufgezeichnet, das unter dem Titel »Studentenleben in der Biedermeierzeit« im Jahre 1927 von H. H. Houben herausgegeben wurde. Darin notiert Wedekind am 23. Mai 1824: »Heute mittag habe ich auch den Dichter Harry Heine gesehen, der seit diesem Sommer hier ist. Er studiert Jura und wohnt in einem Hause mit Mertens, wo ich vielleicht Gelegenheit haben werde, seine Bekanntschaft zu machen. Sein Äußeres verspricht sehr wenig, es ist eine kleine, zwergartige Figur mit blassem, langweiligem Gesichte.« Bei späteren Tagebucheintragungen hat Wedekind allerdings über solche Äußerlichkeiten hinweggesehen.

Bald nach seiner Rückkehr begann Heine mit der Niederschrift der Fragment gebliebenen Erzählung »Der Rabbi von Bacherach«, wozu er erste Anregungen in Berlin nach der Teilnahme an einem Sederabend des Pessach-Festes erhielt. Entgegen seinem Vorsatz, sich nur mit der Juristerei beschäftigen zu wollen, betrieb er für diese Erzählung ein intensives Quellenstudium in der Universitätsbibliothek.

Die Beschäftigung mit dieser Materie bedeutete für ihn gleichzeitig eine Auseinandersetzung mit seinem eigenen Judentum. Eduard Wedekind schreibt in seinen Erinnerungen: »Ob Heine Jude oder Christ, als solcher bereits als Kind getauft, oder Convertit sei, darüber herrschten verschiedene Gerüchte; man kam nie darüber zur Klarheit.« Diese Unklarheit scheint bereits bei seiner Vernehmung vor dem Universitätsgericht im Jahr 1821 bestanden zu haben, da Heine dort mit Vornamen Heinrich statt Harry bezeichnet wird. Seine Briefe aus diesen Jahren sind neutral »H. Heine« unterzeichnet und ergeben daher keinen Aufschluß.

Der Sommer war ausgefüllt mit Geselligkeit und Ausflügen in die Umgebung. Heine schloß sich der Verbindung »Guelphia« an. »Ich dachte der lieben Brüder, / Der lieben Westfalen, womit ich so oft / In Göttingen getrunken, / Bis wir gerührt einander ans Herz / und unter die Tische gesunken!« – diese Erinnerung aus »Deutschland. Ein Wintermärchen« *(B IV, S. 600)* mag sich auf die Ausflüge beziehen, welche die Verbindung unternahm: zur »Landwehr-Schänke« an der Reinhäuser Landstraße, wo man die als »Lottchen von der Landwehr« bekannte Kellnerin Charlotte Ludewig umschwärmte, zur »Knallhütte« in Bovenden oder in die am meisten frequentierte Gastwirtschaft »Ulrichs Garten«, die sich an der Stelle der heutigen Stadthalle befand. Außer mit Wedekind, mit dem er am 27. Juni auf der »Landwehr« Brüderschaft trank, verkehrte Heine mit Mertens, Diepenbrock-Grüter, Peters, Siemens und Ferdinand Oesterley, dem nachmaligen Göttinger Bürgermeister, dessen Klavierspiel, zum Teil mit eigenen Kompositionen, die Freunde sehr schätzten. Vermutlich hat er auch Lieder auf Gedichte von Heine komponiert, da Heine Oesterley in einem Brief von der Insel Norderney am 14.8.1825 bittet: »schick mir doch die Composizion meines Mondscheinliedes. Ich will es mir oft vorspielen lassen und Deiner in Liebe gedenken.«

Obwohl Heine sich in diesem Semester vor allem seinem Studium widmen wollte, schrieb er viele Gedichte, begann »Memoiren«, die über Anfänge nicht hinauskamen, und arbeitete am »Rabbi von Bacherach«. Mit Wedekind führte er intensive Gespräche über das Projekt einer »Faust«-Dichtung, die in Konzeption und Geist ein Gegenstück zu Goethes »Faust« werden sollte.

## Die Harzreise. 1824

Mitte September entschloß sich Heine, eine Wanderung durch den Harz zu unternehmen, die er schon im Jahr 1821 geplant, aber nicht verwirklicht hatte. Vorher zog er wieder einmal um, diesmal in die Allee 10 (heute Goetheallee 16) zu Seeboldt. Am 12. oder 13. September machte er sich auf den Weg. Er erreichte, geleitet vom »Taschenbuch für Reisende in den Harz« von Friedrich Gottschalck, über Weende, Bovenden, Nörten und Northeim angeblich bereits am ersten Tag bei Osterode den Harz. Ob er – wie in der »Harzreise« suggeriert – die ganze Strecke von über vierzig Kilometern tatsächlich an einem Tag bewältigt hat, ist zu bezweifeln. In keinem der bekannten Kommentare ist allerdings ein Hinweis auf eine Übernachtung in Northeim oder andernorts zu finden. Denkbar wäre, daß er einen Teil der Strecke per Kutsche zurückgelegt hat; fest steht, daß er in Osterode übernachtet hat, wo er seinen Ich-Erzähler die grandiose Phantasie über die Göttinger Universitätsbibliothek träumen läßt, in der er seine Professoren Bauer als »Rusticus« und Hugo als »Cajaticus« verspottet.

Am nächsten Morgen, auf dem Weg über Lerbach nach Clausthal, begegnete ihm der in der »Harzreise« geschilderte vermeintliche Schneidergesell, der sich später als Handlungsreisender namens Carl Dörne zu erkennen gab. In Clausthal übernachtete Heine in der »Krone«, wo auch Hofrat Bouterwek logierte. Er besuchte vermutlich in den beiden nächsten Tagen die Gruben »Dorothea« und »Carolina«, um anschließend nach Goslar weiterzuwandern. Dort begegnete er abermals Professor Bouterwek.

Die zahlreichen Schilderungen der besuchten Goslarer Sehenswürdigkeiten in der »Harzreise« legen nahe, daß sich Heine dort einige Tage aufgehalten hat.

Nach Aufenthalten in Oker und an einer weiteren nicht bekannten Übernachtungsstation stieg Heine am Morgen des 19. September zum Brocken auf. Wie im »Wernigerödischen Intelligenz-Blatt« Nr. 43 vom 25. Oktober 1824 in der Brocken-Besucherliste dokumentiert, übernachtete Heine vom 19. auf den 20. September im »Brockenhaus«, das damals als das höchstgelegene Gebäude Deutschlands galt. Am 20. September verließ er den Brocken in Richtung Ilsenstein und Ilsenburg, um in den nächsten Tagen über Rübeland, Eisleben, Halle, Weißenfels, Naumburg und Jena nach Weimar zu wandern. Dort traf er am 1. Oktober ein und meldete sich mit folgendem Brief zu einem Besuch bei Johann Wolfgang von Goethe an:

Ew. Exzellenz

bitte ich, mir das Glück zu gewähren, einige Minuten vor Ihnen zu stehen. Ich will gar nicht beschwerlich fallen, will nur Ihre Hand küssen und wieder fortgehen. Ich heiße H. Heine, bin Rheinländer, verweile seit kurzem in Göttingen und lebte vorher einige Jahre in Berlin, wo ich mit mehreren Ihrer alten Bekannten und Verehrer (dem sel. Wolf, Varnhagen &c.) umging und Sie täglich mehr lieben lernte. Ich bin auch ein Poet und war so frey, Ihnen vor drey Jahren meine »Gedichte« und vor anderthalb Jahren meine »Tragödien« nebst einem lyrischen Intermezzo (Ratcliff und Almansor) zuzusenden. Außerdem bin ich auch krank, machte deßhalb auch vor drey Wochen eine

Gesundheitsreise nach dem Harze, und auf dem Brocken ergriff mich das Verlangen, zur Verehrung Göthes nach Weimar zu pilgern. Im wahren Sinne des Wortes bin ich nun hergepilgert, nemlich zu Fuße und in verwitterten Kleidern, und erwarte die Gewährung meiner Bitte und verharre mit Begeisterung und Ergebenheit
Weimar, den 1. October 1824        H. Heine

Am 2. Oktober empfing ihn Goethe vermutlich sehr reserviert und notierte in seinem Tagebuch lediglich knapp: »Heine von Göttingen«. Es ist nicht überliefert, worüber sich der fünfundsiebzigjährige Goethe mit dem siebenundzwanzigjährigen Jurastudenten unterhalten hat. Sollte Heine, was die Germanisten heute allerdings ausschließen, seinen Plan, ebenfalls einen »Faust« zu schreiben, erläutert haben, so dürfte der fast fünfzig Jahre Ältere wegen des anmaßenden Gegenentwurfs Heines verärgert, wenn nicht gar schockiert gewesen sein.

Trotz der kühlen Begegnung ließ es sich Heine zwei Jahre später nicht nehmen, Goethe ein Exemplar der »Reisebilder« mit folgender Widmung zuzusenden:

»Sr. Exzellenz Herrn Geheimrath v. Göthe übersendet dieses Buch als ein Zeichen der höchsten Verehrung und Liebe

der Verfasser«.

Am Tag nach seinem Besuch bei Goethe machte sich Heine wieder auf den Weg. Über Erfurt, Gotha, Eisenach und die Wartburg wanderte er nach Kassel, wo er den jüngsten der Brüder Grimm, den Zeichner und Maler Ludwig Emil Grimm, besuchte. Vermutlich am 11. Oktober traf Heine wieder in Göttingen ein.

Unmittelbar nach seiner Rückkehr begann er mit der Niederschrift der »Harzreise«. Am 30. Oktober berichtete er an Moser: »Ich habe jetzt meine ›Harzreise‹ schon zur Hälfte geschrieben.« Nichtsdestotrotz hatte er sich nebenher als Hörer juristischer Vorlesungen eingeschrieben: »Der Kriminalprozeß und Kriminalrecht« bei Anton Bauer, »Die Pandekten« bei Gustav Hugo und »Das Kriminalrecht nebst dem Kriminalprozeß« bei Georg F. J. Meister.

In den letzten beiden Monaten des Jahres 1824 arbeitete er neben seinem Quellenstudium zum »Rabbi von Bacherach« weiter an der »Harzreise« und quälte sich mit dem Jurastudium.

Abgeschlossen wurde das Jahr 1824 mit einer Silvesterfeier, die Eduard Wedekind in seinem Tagebuch schildert: »Ich trank mit Niemann, Siemens, Knille, Droop, Bar, Heine und dem jungen Raydt auf Niemanns Stube ein paar Flaschen Glühwein. Ich war sehr munter, im Ganzen aber wollte keine rechte Fidelität hineinkommen, was wohl daran liegen mochte, daß der Glühwein ziemlich schlecht war. Heine war schrecklich langweilig, überhaupt gefällt er mir immer weniger. Wir saßen bis 1 Uhr zusammen. Dann ging ich ruhig nach Haus. Auf der Weender Straße war indessen viel Randal und keine Laterne mehr heil.« *Wedekind S. 164*

## Promotion und Taufe. 1825

Das neue Jahr hielt für Heine wichtige Ereignisse bereit. Zunächst mußte er jedoch seinen Onkel und Mäzen Salomon bitten, seine Studienzeit in Göttingen um ein halbes Jahr verlängern zu dürfen.

In den Briefen dieser Monate klagte er über Schmerzen und eine allgemeine Verschlechterung seines Gesundheitszustandes, sowie über seine Mühe mit der leidigen Juristerei. Anfang April bezog Heine wieder einmal eine neue Wohnung, und zwar bei Oelsen im Haus Nr. 78, heute Weender Straße 50, an dessen Fassade sich eine Gedenktafel für Heine befindet.

Kurz vor Beginn des Sommersemesters 1825 bat Heine mit einem am 16. April in lateinischer Sprache verfaßten Gesuch bei Professor Gustav Hugo um die Zulassung zur Promotion. Daraufhin fand am 3. Mai das Promotionsexamen statt, das er mit der mäßigen Note »rite« (genügend) bestand. »Dieses ist im Betreff des Promovirens die Hauptsache, alles andre, z. B. das Disputiren ist leere Formel«, schreibt er seinem Schwager Moritz Embden am 11. Mai 1825. In diesem Brief ist auch von einer Dissertation die Rede, die Heine jedoch vermutlich nie geschrieben hat, da sie damals zur Promotion nicht erforderlich war.

Danach wandte sich Heine wieder der »Harzreise« zu, die er inzwischen zur Veröffentlichung ausgearbeitet hatte. Sie sollte baldmöglichst in dem Periodikum »Rheinblüthen« erscheinen, das von dem Karlsruher Buchhändler Gottlieb Braun, dem Bruder von Friederike Robert, herausgegeben wurde. Heine hatte das Ehepaar Robert im Berliner Salon von Rahel Varnhagen kennengelernt und schwärmte für Friederike. Am 19. April 1825 teilte er Friederike Robert mit, die Übersendung des Manuskripts noch drei Wochen aufschieben zu müssen, da »ich mehr als je in meinem juristischen Quark stecke«, am 15. Mai schickt er es schließlich an die »schöne, gute Frau« nach Karlruhe.

Doch die »Rheinblüthen« erschienen 1825 nicht, und so unterblieb zunächst die Veröffentlichung der »Harzreise«. Daraufhin sandte Heine das Manuskript am 23. November, als er Göttingen längst verlassen hatte, nach Berlin an den Herausgeber des »Gesellschafter« Friedrich Wilhelm Gubitz, der schon andere Schriften und Gedichte von Heine in seiner Zeitschrift veröffentlicht hatte: »Daß Sie, lieber Professor, mir nichts in meinem Opus ändern oder verbessern, ist eine alte Bedingung«. Zwischen dem 20. Januar und 11. Februar 1826 erschien »Die Harzreise« in vierzehn Fortsetzungen und – wegen Zensurrücksichten – in vom Herausgeber Gubitz stark gekürzter, wenn nicht gar verstümmelter Fassung. Heine war empört.

Der Abschnitt über Göttingen, mit dem »Die Harzreise« in ihrer endgültigen Fassung beginnt, war zu diesem Zeitpunkt noch gar nicht geschrieben, desgleichen die Schilderung des ersten Reisetages. Das holte Heine im Frühjahr 1826 nach, als er den ersten Band der »Reisebilder« vorbereitete, der Mitte Mai im Verlag Hoffmann und Campe in Hamburg in einer Auflage von 1500 Exemplaren erschien. Damit erhielt dieses erste bedeutende Prosawerk Heines eine ihm gebührende Form.

Noch interessierten sich die Zensurbehörden nicht für Heinrich Heine, denn ein Band mit Reiseschilderungen schien für sie harmlos zu sein. Das sahen die verspotteten Göttinger Professoren anders: Sie erwirkten für Göttingen ein Verkaufsverbot. Selbst Lesezirkel und Leihbibliotheken durften das Buch nicht anschaffen und ausleihen.

Die Kritik war zwiespältig, das Genre des literarisch-ironischen Reisefeuilletons war zu neuartig und befremdete. Sehr präzise erfaßte Karl August von Varnhagen Ense das Werk: »Die dritte Abtheilung enthält die Harzreise, welche, wie mehrere der Gedichte, zum Theil schon im Gesellschafter abgedruckt erschienen ist; sie hat aber Zusätze und Ergänzungen erhalten. Der Verfasser geht von Göttingen aus und besucht den Harz, hat aber dabei auch Berlin vor der Seele. Diesen Zusammenhang von reichen, treffenden Naturbildern, feinen Beobachtungen, schalkhaften, witzigen, beißenden Scherzen, persönlichen Feindseligkeiten, weichen Gefühlen, reizenden Liedern, tollen Fratzen, unglaublichen Verwegenheiten u.s.w. können wir hier nicht zergliedern; wir überlassen dem Leser selbst, daran sich ärgerlich und liebevoll, wie er kann, zu ergötzen; nur bemerken wir, daß das Vernunftgespenst ein wahres Meisterstück tiefsinniger Laune, und daß die Ehrenrettung eines im Text irrig verunglimpften Schauspielers in ihrer Art einzig ist.« *DHA 6, S. 541 f.*

Die »Reisebilder« verkauften sich schleppend. Der Verleger Julius Campe schrieb im Juni 1827, er habe von der ersten Auflage noch 650 Exemplare am Lager, das heißt: In zwei Jahren wurden nur 850 Bücher verkauft; ein Jahr später standen immer noch 350 Exemplare zur Verfügung.

Aber noch weilte Heine in Göttingen. Am 24. Mai 1825 besprach Heine beim Superintendenten Gottlob Christian Grimm in Heiligenstadt seinen Wunsch, sich von ihm in aller Stille und abseits seiner Bekannten taufen zu lassen, denn Heiligenstadt gehörte damals zu Preußen, war somit »Ausland«. Nach etlichen zu erledigenden Formalitäten lud Grimm ihn zur Taufe in sein Haus ein. Am 28. Juni 1825 um 11 Uhr wurde Heine in der Wohnung des Superintendenten nach einer Prüfung in Gegenwart des Superintendenten Dr. Bonitz aus Langensalza auf den Namen Christian Johann Heinrich Heine evangelisch getauft.

Auf einem im Nachlaß Heines gefundenem einzelnen Blatt Papier steht neben anderen Notizen der Satz: »Der Taufzettel ist das Entréebillet zur europäischen Kultur.« Dieser Satz stammt aus dem Jahr 1830 und steht nach Meinung von Ferdinand Schlingensiepen vermutlich in keinem Zusammenhang mit Heines eigener Taufe, erlaubt aber zweifellos Rückschlüsse auf Heines Motivation, sich taufen zu lassen.

Nach der Taufe legte er den bisherigen Vornamen Harry endgültig ab: »Heinrich, Harry, Henry – alle diese Namen klingen gut, wenn sie von schönen Lippen gleiten. Am besten freilich klingt Signor Enrico. So hieß ich in jenen hellblauen, mit großen silbernen Sternen gestickten Sommernächten jenes edlen und unglücklichen Landes, das die Heimat der Schönheit ist«. *Memoiren B VI/1, S. 589*

An einer deutschen Universität eine Anstellung zu finden, war auch getauften Juden in der ersten Hälfte des 19. Jahrhunderts verwehrt. Heine wird das Verbot gekannt haben: »Sehr fromme aber nicht sehr gescheute Männer des protestantischen Deutschlands haben mich dringend befragt, ob ich dem lutherisch evangelischen Bekenntnisse, zu welchem ich mich bisher nur in lauer, offizieller Weise bekannte, jetzt wo ich krank und gläubig geworden, mit größerer Sympathie als zuvor zugetan sei? Nein ihr lieben Freunde, es ist in dieser Beziehung keine Änderung mit mir vorgegangen, und wenn ich überhaupt dem evangelischen Glauben angehörig bleibe, so geschieht es weil er mich auch jetzt durchaus nicht geniert, wie er mich früher nicht allzusehr genierte. Freilich, ich gestehe es aufrichtig, als ich mich in Preußen und zumal in Berlin befand, hätte ich, wie manche meiner Freunde, mich gern von jedem kirchlichen Bande bestimmt losgesagt, wenn nicht die dortigen Behörden jedem, der sich zu keiner von den staatlich privilegierten positiven Religionen bekannte, den Aufenthalt in Preußen und zumal in Berlin verweigerten.« *Geständnisse B VI/1, S. 482*

In Berlin, wo er seiner vielen Freunde wegen gerne gelebt hätte, sah er keine Möglichkeit, eine Stelle als Jurist zu bekommen, zumal der berüchtigte Demagogenverfolger Karl Albert von Kamptz inzwischen nicht nur Direktor im preußischen Polizeiministerium, sondern in gleicher Position in der Unterrichtsabteilung des Kultusministeriums tätig war. Dieser Kamptz, der schon E.T.A. Hoffmann in große Bedrängnis gebracht hatte, hätte niemals einem Juden ein Amt in der preußischen Verwaltung zugestanden.

Ende Juni 1825 zog Heine in Göttingen ein letztes Mal um. In seinem Brief vom 1. Juli 1825 an Moses Moser gibt er als Adresse an: »auf dem Garten der Rectorin Seiffert vor dem Albanithore«. Mende verortet das Logis in der Herzberger Chaussee 8 bei Suchforth. Da die Herzberger Chaussee vor dem Albanitor lag, ist davon auszugehen, daß die Adressen identisch sind. Dort besuchte ihn sein Onkel Salomon Heine Anfang Juli auf der Durchreise, als sich Heine gerade auf den Promotionsakt vorbereitete.

Die öffentliche Disputation als Abschluß der Promotion fand am 20. Juli 1825 unter dem Vorsitz von Professor Gustav Hugo statt. »Ich habe disputirt wie ein Kutschenpferd über die 4te und 5te Thesis, Eid und Confarretio. Es ging sehr gut, und der Decan (Hugo) machte mir bei dieser feyerlichen Scene die größten Elogen, indem er seine Bewunderung aussprach, daß ein großer Dichter auch ein großer Jurist sey«, berichtet Heine am 22.7.1825 an Moser.

Die Laudatio von Gustav Hugo täuscht indes nicht darüber hinweg, daß Heine die Promotion eben nur »rite«, d.h. mit dem schlechtest möglichen Ergebnis, gerade noch bestanden hat. Für Heine war die Hauptsache, daß er die Juristerei nun endlich los war, für immer: »Ich brachte jenes gottverfluchte Studium zu Ende, aber ich konnte mich nimmer entschließen, von solcher Errungenschaft Gebrauch zu machen, und vielleicht auch weil ich fühlte, daß andere mich in der Advokasserie und Rabulisterei leicht überflügeln würden, hing ich meinen juristischen Doktorhut an den Nagel.« *Memoiren. B VI/1, S. 562*

Am Abend der Promotion war Heine bei Professor Hugo eingeladen. In den darauffolgenden Tagen feierte er mit seinen Kommilitonen und verabschiedete sich mit Stammbucheintragungen, von denen etliche überliefert sind. Vermutlich am 6. August 1825 verließ Dr. jur. Heinrich Heine den »gelehrten Kuhstall Göttingen« – wie er die Stadt in einem Brief an seine Schwester titulierte.

Ein letztes Mal kam Heine Anfang November 1827 auf der Durchreise nach Göttingen. Er besuchte hier den von ihm sehr verehrten Historiker Hofrat Georg Sartorius. Danach reiste er nach Kassel und traf dort u. a. den Künstler Ludwig Emil Grimm. Am 9. November 1827 entstand die bekannte Radierung, die Heine gegenüber Varnhagen am 28.11.1827 folgendermaßen kommentierte: »Ludwig Grimm hat mich gezeichnet; ein langes deutsches Gesicht, die Augen sehnsuchtsvoll gen Himmel gerichtet«.

Gen Göttingen ist Heinrich Heine nie mehr gereist.

*Roderich Schmidt*

# II
# »In Heine seiner Stube«
*Leben in Göttingen*

## Ferdinand Oesterley an seine Braut
### 5.10.1825

Wer Heine kennt, kann kaum das Lachen lassen, wenn's ihm einfällt, daß der schmerzzerrissene Mensch solch herzzerreißende Lieder dichten konnte; denn dem äußeren Umgange nach zu urtheilen, ist's ihm ebenso einerlei, wenn ihm ein Mädchen untreu wird, als er eine ungezügelte Angst vor Allem hatte, was körperlicher Schmerz hieß, namentlich vor Prügeln. Doch giebt's wohl wenig Menschen, wo das Innere im Stillen immer so mächtig und fürchterlich fortbrütet, als bei Heine, wenig Menschen, bei denen das Innere sich so wenig im äußeren Leben zeigt, als bei ihm. Die meisten Menschen, mit denen er umging, sah er nur von einer poetischen Seite an, je mehr er Jemanden gebrauchen konnte, desto lieber ging er mit dem Menschen um, einerlei wer er war. So läßt es sich erklären, daß er *ein* Herz mit dem schauderhaftesten Ochsen war; von ihm hatten diese Menschen nichts als seine schlechten Witze, ihn amüsirten sie durch ihre Eigenheiten bis zum Todtlachen; wo etwas lächerlich war, oder wo seine Ironie Spielraum hatte, da war er am wohlsten. Freunde hatte er sehr wenige, doch die, welchen er einmal traute, hatte er sehr lieb, gegen diese war er, bis auf gewisse Stücke, sehr offen, hinreißend liebenswürdig, von dem feinsten Schicklichkeitsgefühle, grade und aufopfernd. Er prahlte sehr, und dabei hatte innerlich doch niemand eine geringere Meinung von sich als er; am liebsten scherzte er über seine juristische Unwissenheit. Bei seinen heftigen und unausgesetzten Kopfschmerzen hatte er eine seltene Heiterkeit und

Frische des Geistes, die sogleich durchblickte, wenn ihm etwas einfiel, was ihm lächerlich war. Niemanden habe ich über seine eigenen Witze mehr lachen hören als ihn, Niemand machte mehr Witze als er, aber auch Niemand mehr schlechte als er; die guten waren sehr gut. –

Er hatte viel hellen Kopf, aber war zum Denken zu faul. Wenn er nicht wohl war, so flüsterte er fast nur und hatte seine Augen fast immer halb geschlossen. Da er fast nie ganz wohl war, so hatte er davon eigene Züge erhalten; besonders charakteristisch war bei ihm ein sehr ironisches und kühnes Ziehen der linken Oberlippe. Doch ein ander Mal mehr.

*Zitiert nach Werner II, S. 490*

*Heine an Friedrich Steinmann und*
*Johann Baptist Rousseau*
*29.10.1820*

Mit zusammengezogener Stirn und rollenden Augen war
ich just im Begriff, einen Himmel und Hölle zersprengen-
den Fluch herauszudonnern, womit ich den dritten Akt
meiner Tragödie* schließen wollte, als ein königl. hannö-
verischer Beamte im Scharlachrock meine Stubenthür öffnete und mir einen Brief von Dir übergab. Herzlich, recht
herzlich habe ich mich da gefreut; erheitert, recht lebendig
erheitert hat sich mein ganzes Wesen; doch der Fluch, der
hübsche Fluch ist dadurch zum Teufel gegangen. Indessen,
der Schaden ist so groß nicht, Heine kann nicht lange in
einer seelenvergnügten Stimmung bleiben, und vielleicht
schon die nächste Stunde schickt mir Ärger an den Hals;
die bösen Geister steigen wieder ins Haupt und besagter
Tragödienfluch bricht umso furchtbarer heraus.

Wirklich schon, während ich diese Zeilen schreibe,
verfliegt allmählig meine vergnügte Stimmung; die alten
Schmerzen begeben sich wieder nach ihrer alten Kneipe,
welche leider meine eigene Brust ist, und diese ganze
Familie Schmerz beginnt dort wieder ihr altes Treiben; die
blinde Großmutter Wehmuth hör ich trippeln, ein neuge-
bornes Töchterchen hör ich greinen, Fräulein Reue – so
wird diese Kleine getauft, und in ihrem ewigen Gegreine
unterscheide ich die Worte: Du hättest in Bonn bleiben sollen. Das sind ärgerliche Worte. Doch was hilft's,

* *Tragödie:* Almansor

wenn ich sie in allerlei Variazionen nachgreine und die ganze Tonleiter durchseufze! – Ich habe es ja nicht besser gewollt und war nicht viel klüger als der Junge, der zufällig seine Schuhe in den Rhein fallen ließ und aus Ärger seine Strümpfe denselben nachwarf.

Ja, wie sehr ich mich auch dadurch blamire so will ich Euch doch ehrlich bekennen, daß ich mich hier furchtbar ennuyire. Steifer, patenter, schnöder Ton. Jeder muß hier wie ein Abgeschiedener leben. Nur gut ochsen kann man hier. Das war's auch, was mich herzog. Oft, wenn ich in den Trauerweiden-Alleen meines paradiesischen Beuls zur Zeit der Dämmerung dämmerte, sah ich im Verklärungsglanze vor mir schweben den leuchtenden Genius des Ochsens, in Schlafrock und Pantoffeln, mit der einen Hand Mackeldeys Instituzionen emporhaltend, und mit der andern Hand hinzeigend nach den Thürmen Georgias Augustas. Sogar die lauten Wogen des Rheines hatten mir alsdann oft mahnend zugerauscht:

> Ochse, deutscher Jüngling, endlich
> Reite deine Schwänze nach;
> Einst bereust du, daß du schändlich
> Hast verträdelt manchen Tag!

Klingt das nicht höchst tragisch? Wahrlich, es liegt ein ernsterer und schauerlicherer Sinn drin als im Schwanengesang der Sappho des Herrn Grillparzer in Wien.

Dieser Brief, wie Ihr an der Aufschrift ersehen könnt, ist an Euch beide zu gleicher Zeit gerichtet; denn ich wüßte gar nicht, wie ich es anfangen sollte, jedem von Euch privatim zu schreiben; sintemal ich doch sehr gut weiß, daß das, was ich dem einen schreibe, dem andern nicht gleichgültig ist. Wie ich bis zur Zeit meiner Abreise gelebt, was ich in Beul gesagt und gesungen, und wie ich mich noch zuletzt in Bonn herumgetrieben habe, wirst Du gewiß schon an (Rousseau) erzählt haben, lieber (Steinmann); ich habe jetzt, bis auf einige Zeilen, den dritten Akt meiner Tragödie geschlossen. Das war der schwerste und längste Akt. Hoffentlich werde ich diesen Winter die beiden übrigen Akte auch vollenden. Wenn das Stück auch nicht gefallen wird, so wird es doch wenigstens ein großes Aufsehen erregen. In dieses Stück habe ich mein eigenes Selbst hineingeworfen, mitsammt meinen Paradoxen, meiner Weisheit, meiner Liebe, meinem Hasse und meiner ganzen Verrücktheit. Sobald ich es ganz fertig habe, übergebe ich es ohne weiteres dem Drucke. Es wird schon aufs Theater kommen – gleichviel wann – Anstrengung hat mir das Stück schon genug gekostet. – Und aufrichtig gesagt, ich fange fast an zu glauben, daß eine gute Tragödie zu schreiben viel schwerer sey als eine gute Klinge zu schlagen; obzwar man in einer Paukerey auf den Schläger zwölf Gänge und in einer Tragödie nur fünf Gänge zu machen braucht. – Ich habe mich ganz an den Comment des Aristoteles gehalten und habe seine Mensur in Hinsicht des Orts, der Zeit und der Handlung gewissenhaft angenommen.

*Georg Knille*
*Mitteilung an Adolf Strodtmann*

Heine's Statur war kaum mittelgroß und schmächtig. Er hatte eine sanfte, überaus angenehme Stimme, mittelgroße, schalkhafte Augen voll Geist und Leben, die er im Eifer des Gespräches halb zu schließen pflegte, eine schöne, leicht gebogene und scharf geschnittene Nase, keine ungewöhnliche Stirn, hellblondes Haar und einen Mund, der in steter, zuckender Bewegung war und in dem länglichen, mageren, kränklich blassen Gesichte die Hauptrolle spielte. Seine Hände waren von der zartesten Form, gleichsam durchgeistigt, und alabaster-weiß. Sie erschienen namentlich in ihrer vollen Schönheit, wenn Heine in vertrautem Kreise gebeten wurde, das herrliche Rheinlied: »Wie der Mond sich leuchtend dränget« etc. zu deklamieren. Er pflegte sich dann zu erheben und die feine weiße Hand weit vorzustrecken. Seine sonst unverwüstliche heitere Laune war schon damals wesentlich durch sein körperliches Befinden bedingt. In guten Stunden wirkte sie wahrhaft bezaubernd auf seine Umgebung. Der Dichter erschien stets in einem, bis an den Hals zugeknöpften braunen Oberrocke mit einer doppelten Reihe von Knöpfen, ein kleines, schwarzseidenes Tuch leicht um den Hals geschlungen, und im Sommer regelmäßig in Beinkleidern von Nanking, häufig auch in Schuhen und weißen Strümpfen an den normal gebildeten Füßen, die keinesweges, wie Laube bemerkt, an die »jüdische Race« erinnerten. Er trug endlich stets entweder einen gelben Strohhut oder eine grüne Mütze, die in einen viereckigen Beutel auslief, welcher damals bis auf den Schirm herabgezogen wurde. *Zitiert nach Werner I, S. 88*

In Hanover brachte ich 3 Tage zu, und hab eine schöne Frau dort kennen gelernt, und war liebenswürdig, nemlich Ich. Auf meiner Herreise von Hanover hatte ich schlechtes Wetter, es schneite, als wenn die sämmtlichen himmlischen Heerscharen ihre Federbetten auf mich herabschüttelten, und obendrein saß ich auf halboffenem Beywagen neben dem Schirrmeister, dessen rother Purpurmantel allmälig zum Hermelin wurde. Und ich dachte an Dich, und ich ließ es in Gottesnamen fortschneien, und als – Trarah! Trarah! der junge auf dem Briefpostwägelchen vorbeyrollte, wurde mir das Herz bewegt, und ich dachte, der hat gewiß Briefe, die in 3 Tagen zu Hamburg sind, und ich beneide die Briefe. Schlafend bin ich in Göttingen angelangt; Was bedeutet das? Als ich des anderen Morgens im Wirthshaus am Fenster stehe, sehe ich meinen alten Stiefelputzer vorbeygehen, und ich rufe ihn herauf, und der drollige Kerl kommt, ohne (ein) Wort zu sprechen, und putzt meine Kleider und Stiefel ohne Wort zu sprechen, und geht fort und zeigte nicht die mindeste Verwunderung, daß ich 3 Jahr von Göttingen abwesend war, und mein altes Verbot, nie in meiner Gegenwart zu sprechen und nie etwas zu fragen, hatte er noch nicht vergessen. –

Hier habe ich nur wenige Bekannte, und die Professoren sind mir auch nicht besonders hold, weil ich, als ich hier consilirt worden, den Mitgliedern des akad. Senats auf mokante Weise Abschiedskarten zuschickte. – Bis am Hals stecke ich in meinen juristischen Studien und es geht gut.

Ich fand es so glücklich, daß ich, obschon ich mitten im Cours gekommen, doch einiges hören kann, wobey ich nichts versäumt habe. – Lebe wohl, schöne Frau, und behalte mich in gutem Andenken und schreibe mir oft.

Lieben und Hassen, Hassen und Lieben
'S ist alles über mich hingegangen;
Doch blieb von allem nichts an mir hangen,
Ich bin der allerselbe geblieben.

Und als den Allerselben und unverändert werden Sie ihn
finden, wenn Sie wieder zusammentreffen mit diesem Menschen, der Harry Heine heißt, und schlicht und umgänglich
wie ein Kind ist, und nur dann und wann höchst ernsthaft
wird, und immer über die Narren in der Welt lacht, und
täglich eine Bouteille Champagner trinken möchte auf das
Wohlseyn seiner Feinde.

*Eduard Wedekind*
*Begegnungen mit Heine*


*Dienstag, 15. Juni 1824*

Abends ging ich wieder zum Ulrich\*, in der Hoffnung,
Heine dort zu treffen, wie es denn auch der Fall war. Er
saß neben Mertens, mit dem er in einem Hause wohnt. Ich
setzte mich zwischen beide und fing nun ein Gespräch mit
Heine an, das bald sehr bedeutend wurde. Anfangs blieben wir auf der Bank sitzen, dann gingen wir zusammen
im Garten herum. Wir sprachen wohl eine gute Stunde
miteinander. Der Inhalt unseres Gespräches war vorzüglich folgender. Ich sagte ihm Bouterweks Urteil über seine
Gedichte und gab ihm auch mein eigenes Urteil ganz frei-
mütig. Ich fühlte eine gewisse praktische Superiorität über
ihn, war daher sehr frei und fühlte ihm auf den Zahn, so
daß ich fast sein ganzes poetisches Glaubensbekenntnis
erhalten habe. Der überspannten Romantik ist er früher
sehr zugetan gewesen, besonders wegen seines engen Ver-
hältnisses zu Schlegel, als er in Bonn studierte. Jetzt ist er
ihr abgeneigt und hält nun auch mehr auf Bouterwek. Nur
dem Märchen legt er noch einen ziemlichen Wert bei und
sagt, was bei ihm damit zusammenhängt, daß man die
eigentliche Fabel noch nicht erfunden habe; das Wesen
der Tiere, was uns ein Tier eigentlich zu sagen scheine,
habe noch niemand gefunden. Mit seinen früheren Schrif-

---

\**Ulrich*: Gaststätte an der Stelle der heutigen Stadthalle

ten ist er nicht zufrieden, die letzten: »Almansor«, das »Intermezzo« und »Ratcliff« gefielen ihm besser, besonders letzterer, über den er viel Interessantes sagte: »Was Ratcliff eigentlich ist, daß er ein Wahnsinniger ist, habe ich noch keinen sagen hören, das hat noch niemand gefunden, und doch ist es ganz klar, denn er hat eine fixe Idee. Dieser folgt er, weil er muß. Daher kommt zum Teil die eigne Wirkung dieses Stücks, denn nicht Ratcliff ist es, welcher handelt und etwas gegen das Schicksal ankämpft; sondern das Schicksal ist das eigentlich handelnde Prinzip, Ratcliff ist eine unfreie Person, er *muß* so handeln.«

(...)

Bürgern verehrt Heine sehr; Goethe *gefällt* ihm mehr als Schiller, letzern *liebt* er mehr. »Goethe«, sagt er, »ist der Stolz der Literatur, Schiller der Stolz des deutschen Volkes. Übrigens«, fuhr er fort, »hat Goethe manches gestohlen, z. B. ›Röslein Rot‹ und ›Wie kommts, daß du so traurig bist, da alles froh erscheint‹ sind alte, jetzt in Vergessenheit geratene Volkslieder.« – Ich habe alles, was Heine bis jetzt herausgegeben hat, gelesen und kann es zum Teil auswendig; daß ihm dies einigermaßen schmeichelte ist natürlich, auch konnte ich ihm mit gutem Gewissen manches Kompliment machen. Als ich ihm sagte, seinen »Ratcliff« könne man sehr häufig lesen, es liege viel darin, antwortete er mir, daß er selbst noch immer manches darin entdecke und daß es auch auf ihn, wenn er einmal darin lese, eine große Wirkung ausübe. Seine Gedichte, sagte ich ihm, hätte ich alle durchstudiert. »Studieren«, antwortete er, »das sollte man sie eigentlich auch, denn sie sind nicht so ganz leicht zu verstehen.« Er sagte dies übrigens ohne allen Stolz.

(...)

Heine ist sehr kränklich; auf meine Frage, ob er immer oder nur zu Zeiten poetisch gestimmt sei, antwortet er, so oft er sich wohl befände, dann immer. – Er sagte ferner, daß er manche Pläne habe und viele Vorarbeiten mache. Jetzt exzerpiere er alte Chroniken von der Bibliothek und sei dabei, eine Novelle* zu arbeiten, die ein historisches Gemälde aus den Zeiten des Mittelalters sein sollte. Kleine Gedichte dächte er vorerst nicht wieder zu machen, was ich ihm abriet. Als ich auf seine Originalität zu sprechen kam, sagte er: »Anfangs hat sie mir Schaden getan, die Leute wußten nicht wohin sie mich rangieren sollten; jetzt tun sie mir Nutzen.« – Er studiert jetzt im sechsten Jahr und muß noch bei den Pandekten schwitzen. Er hört sie bei Meister, weiter nichts. Gestern sagte er mir, wenn das Corpus juris in Kalenderformat gedruckt wäre, würde er es gewiß loskriegen, jetzt scheue er sich vor dem großen Format. Michaelis will er ausstudiert haben und dann auf Reisen gehen, wahrscheinlich nach Italien.

### Mittwoch, 16. Juni 1824

Wir kamen bei ein paar Putern vorbei, die auf das Geländer einer kleinen Brücke geflogen waren und nach der Wasserseite hinsahen. »Die wollen nun wieder herunter«, sagte Heine, »und sind zu dumm sich umzudrehen.« Er amüsierte sich sehr darüber.

*Novelle: Rabbi von Bacherach

Auch begegnete uns der Dr. Lachmann, ein hiesiger junger Dozent, dem die Arroganz auf der Nase geschrieben steht. Er ist in den bestimmten Stunden auf der Bibliothek, hat aber Launen und diese auch gegen Heine geäußert. – »Der Mann sagte mir neulich«, fing Heine ganz pfiffig an, »ich dürfte mir die Bücher nicht selbst aus den Börten nehmen, und bis jetzt habe ich es doch immer getan.« – »Das ist aber auch verboten«, wandte ich ihm ein. – »Ja, er hat aber auch sonst Launen«, erwiderte Heine, »das soll er mir büßen,« setzte Heine ganz schalkhaft hinzu; »wenn ich ihn nicht mehr brauche, gehe ich mit einem ganzen Trupp auf die Bibliothek, und dann soll er mir klettern, immer nach den höchsten Börten, und wenn er dann die Bücher nicht finden kann, so sage ich ihm: er weiß ja nichts.«

### Sonntag, 20. Juni 1824

In Heine seiner Stube sieht es höchst unordentlich aus; das Bett steht mit auf der Stube, obgleich er eine sehr gute Kammer hat, und Bücher, Journale, alles liegt auf den Tischen herum, bunt durcheinander. Ich sagte ihm, daß ich einen Teniers herbringen würde, es abzumalen.

Wir fuhren darauf nach Mariaspring und abends noch nach der Landwehr: Heine, Mertens, Schwietring und ich, auch blieben wir, als wir wiederkamen, noch bis 10 Uhr zusammen bei Mertens. Ich gewinne Heine immer lieber, er ist ein ganz charmanter Kerl. In vielem stimmen wir überein, in vielem weichen wir ganz voneinander ab, und dann gibt es immer sehr interessante Erörterungen. Wir sprachen heute viel von der Liebe in der Poesie. Er gibt der physischen vor der platonischen den Vorzug, ich nicht; wir vereinigten uns aber bald, weil wir eigentlich derselben Meinung waren und nur die Ausdrücke verschiedenartig nahmen. Platonische Liebe hält er für Hypersentimentalität, und die sinnliche Liebe nahm ich für bloß tierischen Trieb. Wir vereinigten uns leicht dahin, daß die irdische Liebe in veredelter Gestalt, so daß sie gleich weit entfernt ist von der tierischen, wie von der himmlischen, für die Poesie die vorteilhafteste wäre.

(...)

Wir kamen auf Goethes »Faust« zu sprechen. »Ich denke auch einen zu schreiben,« sagte er, »nicht um mit Goethe zu rivalisieren, nein, jeder Mensch sollte einen Faust schreiben.« – » Da möchte ich Ihnen wenigstens raten, es nicht drucken zu lassen,« sagte ich; »dann wird es gewiß eine gute Übung sein. Wenn Sie es drucken ließen, würde das Publikum – –.« – »Ach, hören Sie,« unterbrach er mich, »an das Publikum muß man sich gar nicht kehren; alles was es über mich geäußert hat, habe ich immer nur so nebenher von andern erfahren.« – »Da bin ich«, sagte ich, »insofern Ihrer Meinung, daß man sich nicht durch das Publikum irre machen lassen muß, auch muß man nicht nach seiner Gunst haschen, nur muß man es nicht gegen sich einnehmen wollen, um ihm ein unbefangenes Urteil zu lassen, und Sie würden es gewiß einigermaßen gegen sich einnehmen, wenn Sie einen ›Faust‹ schrieben. Das Publikum würde Sie für arrogant halten; es würde Ihnen eine Eigenschaft unterlegen, die Sie gar nicht besitzen.« – »Nun, so wähle ich einen andern Titel.« – »Das ist gut,« sagte ich, »da werden Sie jene Nachteile vermeiden; Klingemann und La Motte Fouqué hätten auch wohl daran getan.« – Von Fouqué hält er übrigens sehr viel, ich nicht; er ist mir zu süßlich, und ich begreife wirklich nicht, wie Heine so viel auf ihn halten kann.

## Donnerstag, 24. Juni 1824

Abends ging ich wieder zum Ulrich; der Hunger treibt mich jetzt alle Tage hin. Heine war auch wieder dort, und Grüter mit dem jungen Oesterley, bei dem er im Hause wohnt. Grüter hatte mir schon lange von dem schönen Klavierspiel des jungen Oesterley erzählt, sowie auch Siemens, der ebenfalls heute bei uns war, und nun veranstaltete es Grüter so, daß Oesterley mit uns nach meinem Hause ging, wo er auf Karls Flügel* uns bis 11 Uhr etwas vorspielte. Ich muß sagen, ich habe selten jemand besser spielen hören, einen Dilettanten nie. Auch gefällt mir seine Persönlichkeit sehr wohl. Heine war diesen Abend außerordentlich ausgelassen. »Sie haben wohl nicht geglaubt, daß ich lachen könnte!« sagte er zu mir. – Ich nannte ihn jetzt immer Mephistopheles. Es ist wahr, seitdem ich ihm Gedichte von mir vorgelesen habe, habe ich noch keine wieder gemacht, und gerade vorher fast alle Abende.

(…)

Was übrigens der Heine für Ideen hat! Heute sagte er mir: »Byrons Tod hat mich sehr erschüttert, ich ging mit ihm um, wie mit einem Spießgesellen. Shakespeare dage-

*Karls Flügel: Karl Wedekind, Eduards Bruder

45

gen kommt mir vor wie ein Staatsminister, der mich, etwa einen Hofrat, jede Stunde absetzen könnte.« – Neulich sagte er (Heine) zu mir: »Ich werde nächstens meine Geliebte besingen, so idealistisch wie ich nur kann, werde sie aber immerfort Sie nennen.«

### Freitag, 2. Juli 1824

Abends war ich bei Heine. Er hatte mir schon lange von seinen noch ungedruckten Gedichten vorlesen sollen, wir waren aber bis jetzt noch nicht dazu gekommen. Er tat es heute. Die Gedichte, die er mir vorlas, waren fast alle vortrefflich, aber ganz in seiner Manier: am Ende jedesmal Ironie, die das Vorhergehende wieder aufhebt und zerstört. Er liebt diese Manier mehr als billig und ist wirklich ausgezeichnet darin, aber es wäre mir doch lieber, wenn er eine andere Manier annehmen wollte.

### Freitag, 16. Juli 1824

Heine denkt einen »Faust« zu schreiben; wir sprechen sehr viel darüber, und seine Idee dabei gefällt mir sehr gut. Heines »Faust« wird gerade das Gegenteil vom Goetheschen werden. Bei Goethe handelt Faust immer, er ist es, welcher dem Mephisto befiehlt, dies und das zu tun. Bei Heine aber soll der Mephisto das handelnde Prinzip sein, der den Faust zu allen Teufeleien verführt. Bei Goethe ist der Teufel ein negatives Prinzip. Bei Heine soll er ein positives werden

– Heines Faust soll ein Göttinger Professor sein, der sich an seiner Gelehrsamkeit ennuyiert. Da kommt der Teufel zu ihm und belegt ein Kolleg, erzählt ihm, wie es in der Welt aussieht, und macht den Professor kirre, so daß dieser nun anfängt liederlich zu werden. Die Studenten auf dem Ulrich fangen an darüber zu witzeln, »unser Professor geht auf den Strich,« sagen sie, »unser Professor wird liederlich«, heißt es immer allgemeiner, bis der Herr Professor die Stadt verlassen muß und mit dem Teufel auf Reisen geht. – Auf den Sternen indessen haben die Engel Teegesellschaften, wo Mephisto auch hinkommt, und da beratschlagen sie über den Faust – Gott soll ganz aus dem Spiele bleiben. – Der Teufel macht mit den guten Engeln eine Wette über den Faust. Die guten Engel liebt Mephisto sehr, und diese Liebe, besonders zum Engel Gabriel, denkt Heine so zu schildern, daß sie ein Mittelding wird zwischen der Liebe guter Freunde und der Liebe der Geschlechter, die bei den Engeln nicht sind. Diese Teegesellschaften sollen das ganze Stück durch fortgehen. Über das Ende ist Heine noch nicht gewiß, vielleicht will er den Professor durch Mephisto, der sich zum Schinder gemacht hat, hängen lassen, vielleicht will er gar kein Ende machen, weil er dadurch den Vorteil erhält, manches in das Stück hereinbringen zu können, was eigentlich nicht hineingehört. – Mir däucht, dieser »Faust« kann sehr viel werden; nur fürchte ich, und Heine auch, daß durch die Teegesellschaften zu wenig Handlung hineinkommt. – Wenn ich nur Zeit hätte, könnte ich noch von Heine eine Menge geistreicher und charakteristischer Züge aufführen, ich komme fast alle Tage mit ihm zusammen; aber mein Tagebuch nimmt mir so schon Zeit genug weg.

Jetzt noch einiges über Heine, und zwar in bezug auf seinen Charakter. Dieser ist ein wenig leichtfertig. An eine Unsterblichkeit glaubt er nicht und tut groß damit, indem er sagt, alle großen Männer hätten an keine Unsterblichkeit geglaubt, Caesar nicht, Shakespeare nicht, Goethe nicht. Eitel ist er sehr, obgleich er es durchaus nicht scheinen will; er hört von nichts lieber zu sprechen, als von seinen Gedichten. Ich habe ihm einmal gesagt, daß ich seinen »Ratcliff« zu rezensieren wohl Lust, aber keine Zeit hätte; seitdem hat er mir sehr oft gesagt, ich möchte doch Prosa schreiben. – Was seine Liebe betrifft, so ist die keine bloße ideale, sondern Wahrheit. – Er hat eine unglaubliche Lust, jeden zu mystifizieren und spielt daher jedem das Widerpart. Bei mir fährt er aber schlecht damit, weil er sich deshalb Inconsequenzen in seinen Ansichten zuschulden kommen läßt, die ich ihm dann gewöhnlich nachweise. Ein wahrer Freund kann er mir nie werden, ich gehe aber doch recht gern mit ihm um; unsere Ansichten sind mehrenteils sehr verschieden, und das gibt viel zu sprechen; nur weiß ich manchmal nicht recht, ob ich das, was er sagt, für seine eigentliche Meinung zu nehmen habe oder ob er mich mystifizieren will. Merke ich das, so sage ich es ihm grade heraus und breche das Gespräch gleich ab. Er tut es indes selten bei mir. – Neulich hat er zu Grüter gesagt, es wäre unter den Westphalen* kein Einziger, der wüßte, was ein

*Westphalen*: Studentenverbindung, der sich Heine angeschlossen hatte

großer Dichter wäre! Gott segne ihn, wenn er es weiß. – So etwas kann mich nicht irre machen. Ich kann viel von Heine lernen, und das ist der Hauptzweck, den ich bei dem Umgange mit ihm im Auge habe. – Eins aber mißfällt mir sehr an ihm, und andern noch mehr, nämlich daß er seine Witze selbst immer zuerst und am meisten belacht. – Mit seinen Plänen ist er sehr zurückhaltend; über seinen »Faust« spricht er sehr viel mit mir, vielleicht aus eigener Lust, vielleicht, weil er auch von mir etwas lernen zu können glaubt, vielleicht auch, weil er nicht die ernstliche Absicht hat, ihn auszuführen, denn von seiner Novelle und dem Trauerspiele, was er jetzt vor hat, spricht er gar nicht. – Den Professor in seinem Faust wollte er zu einem Professor der Theologie machen; ich riet ihm aber einen Philosophen zu nehmen, weil er für seine Parodie dann ein viel weiteres Feld hätte, was er auch angenommen hat.

Heinrich Heine
*Stammbuchblatt für Eduard Wedekind*

Meinem lieben Eduard Wedekind wünsche ich viel hei-
teres Glück und die ungetrübte Fähigkeit es zu genießen.
Möge er sich noch lange und gern erinnern an seinen brü-
derlichen Freund
und akademischen Genossen

H. Heine.

Göttingen d 4'Merz 1825

Memorabilia:*
auf dem Ulrich verständiges Gespräch; –
so wie auch Bad, Hühnchen u Viertelchen. –
Peters! – Landwehr = Lottchen – Perdu!
Was ist die Natur im Allgemeinen so schön! –
Göthische Elegien – Auch in der Knüllität
wird die Uhr aufgezogen – Ordnungsliebe. –
Endlich famoses Ochsen!
Hauptsache: Vergiß nicht oft zu schreiben.

*Memorabilia:* Denkwürdigkeiten, Erinnerungen

*Eduard Wedekind*
*Heine-Erinnerungen*

Heine studirte mit mir zusammen in Göttingen von Ostern
1824/25, und blieb, als ich dann abging, noch dort zurück,
weil er noch immer nicht dazu gekommen war, seinen Dr.
zu machen. Er hielt sich zu den Westphalen, und unter
diesen besonders zu den Osnabrückern, die sehr zahlreich
dort vertreten waren, und in besonderm Kreise zusammen
hielten. Eigentliche Corps gab es damals nicht, nur Farben und freie Vereinigungen derselben, selbst ohne eigentliche Kneipe. Man traf sich bald hier, bald da, in der
Regel auf dem Ulrich oder auf der Landwehr, wo Töch-
ter und Nichten des Wirths (darunter das liebliche Lottchen mit wundervollen, später d. h. nach längern Jahren
leider erblindeten Augen) die freundlichste Aufwartung
besorgten, und bei allen Tanzgelegenheiten selbstredend
flott mit herumgeschwenkt wurden. Heine war jedoch
kein Tänzer.

Er lebte in allem Studentischen sehr reservirt (mochte
es bereits satt haben, da er ja schon vorher einmal in
Göttingen, in Bonn und in Berlin studirt hatte) und als im
Sommer 1824 eine große pro patria Paukerei zwischen
den Osnabrückern und übrigen Westphalen losging (…),
nahm er keinen Theil daran, und verhielt sich neutral.

(…)

Herausgegeben hatte er damals erst seine Gedichte
(Berlin 1822) und seine Tragödien nebst lyrischem Intermezzo (Berlin 1823); seine Berliner Briefe waren uns
wenigstens nicht bekannt. Er sprach auch niemals von

seinen gedruckten Sachen außer vom Ratcliff und überhaupt nicht von seinen frühern Semestern, obgleich ich
doch auch ein Semester (1823/24) in Berlin studirt hatte;
und ich erinnere mich nicht, daß Berliner Erinnerungen
jemals den Inhalt unsrer Gespräche gebildet hätten.

(...)

Ob Heine Jude oder Christ, als solcher bereits als Kind
getauft, oder Convertit sei, darüber herschten verschiedene
Gerüchte; man kam nie darüber zur Klarheit.

*1876;* zitiert nach *Werner I, S. 116 f.*

Allen, die in den zwanziger Jahren in Göttingen studirt
haben, dürfte es wohl noch in Erinnerung sein, daß die
ein Stündchen von Göttingen gelegene anständige Kneipe,
die »Landwehr« genannt, von vielen Studenten besucht
wurde.

Ganz besonders mag den ehemaligen Burschen das
schöne Schenkmädchen, »Lottchen von der Landwehr«
geheißen, in Erinnerung geblieben sein. Dieses Mädchen
war eine reizende Erscheinung. Höchst anständig, gleich
freundlich gegen alle Gäste, bediente sie alle mit wunder-
barer Schnelligkeit und graziöser Behendigkeit. Sehr oft
besuchte Heinrich Heine in Begleitung seiner Freunde aus
der Landsmannschaft der Westphalia diese Schenke, um
daselbst zu Abend zu essen, gewöhnlich »eine Taube« oder
eine »Viertel Ente mit Apfelcompot«. Das Mädchen gefiel
auch Heine, er liebte mit ihr zu scherzen, wozu sie übrigens weder Veranlassung noch Erlaubniß gab, ja einstens
umfaßte er sie, um sie zu küssen.

Da hätte man das beleidigte Mädchen sehen müssen;
vor Zorn ganz roth stellte sie sich vor Heine hin und hielt
eine so würdevolle Ansprache, kanzelte ihn dermaßen
moralisch herunter, daß nicht blos er, sondern alle übrigen Studenten, die anfangs dieser Scene recht fidel zugese-
hen hatten, ganz verlegen und kleinlaut davon schlichen.

Heine blieb längere Zeit von der Landwehr weg und
erzählte allenthalben, wie ein junges, seiner weiblichen
Würde bewußtes Mädchen allezeit den kräftigsten Schutz

gegen jede Frivolität in sich selbst berge. Nach einem Monat zog es ihn jedoch wieder nach der Landwehr mit der eitlen Absicht, das hübsche Mädchen völlig zu ignoriren. Wie war er aber erstaunt, als er in die Schenke trat! Das Mädchen kam heiter lächelnd ihm entgegen, gab ihm die Hand und sagte ganz unbefangen: »Mit Ihnen ist's etwas ganz Anderes, als mit den übrigen Herren Studiosen; Sie sind ja schon so berühmt wie unsere Professoren; ich habe Ihre Gedichte gelesen, ach, wie herzlich schön! Und das Gedicht vom ›Kirchhof‹ weiß ich fast auswendig, und jetzt, Herr Heine, können Sie mich küssen in Gegenwart von allen diesen Herren. Seien Sie aber auch recht fleißig und schreiben Sie noch mehr so schöne Gedichte.«

Als mein Bruder mir später, fast gegen Ende seines Lebens, diese kleine Geschichte erzählte, sagte er wehmüthig: »Dies kleine Honorar hat mir mehr reine Freude verursacht, als späterhin alle die blinkenden Goldstücke von Herrn Hoffmann und Campe.«

*1868; zitiert nach Werner I, S. 120 f.*

## Heinrich Heine
## *Mademoiselle Sophia*

Die Muse des Novalis war ein schlankes, weißes Mädchen mit ernsthaft blauen Augen, goldnen Hyazinthenlocken, lächelnden Lippen und einem kleinen roten Muttermal an der linken Seite des Kinns. Ich denke mir nämlich als Muse der Novalisschen Poesie ebendasselbe Mädchen, das mich zuerst mit Novalis bekannt machte, als ich den roten Maroquinband mit Goldschnitt; welcher den »Ofterdingen« enthielt, in ihren schönen Händen erblickte. Sie trug immer ein blaues Kleid und hieß Sophia. Einige Stationen von Göttingen lebte sie bei ihrer Schwester, der Frau Postmeisterin, einer heiteren, dicken, rotbäckigen Frau mit einem hohen Busen, der, mit seinen ausgezackten steifen Blonden, wie eine Festung aussah; diese Festung war aber unüberwindlich, die Frau war ein Gibraltar der Tugend. Es war eine tätige, wirtschaftliche, praktische Frau, und doch bestand ihr einziges Vergnügen darin, Hoffmannsche Romane zu lesen. In Hoffmann fand sie den Mann, der es verstand, ihre derbe Natur zu rütteln und in angenehme Bewegung zu setzen. Ihrer blassen zarten Schwester hingegen gab schon der Anblick eines Hoffmannschen Buches die unangenehmste Empfindung, und berührte sie ein solches unversehens, so zuckte sie zusammen. Sie war so zart wie eine Sinnpflanze, und ihre Worte waren so duftig, so reinklingend, und, wenn man sie zusammensetzte, waren es Verse. Ich habe manches, was sie sprach, aufgeschrieben, und es sind sonderbare Gedichte, ganz in der Novalisschen Weise, nur noch geistiger und verhallender.

(…)

Als ich, im Spätherbst 1828, aus dem Süden zurück-
kehrte (und zwar mit dem brennenden Pfeil in der Brust),
führte mich mein Weg in die Nähe von Göttingen, und
bei meiner dicken Freundin, der Posthalterin, stieg ich
ab, um Pferde zu wechseln. Ich hatte sie seit Jahr und
Tag nicht gesehen, und die gute Frau schien sehr verändert. Ihr Busen glich noch immer einer Festung, aber einer
geschleiften; die Bastionen rasiert, die zwei Haupttürme
nur hängende Ruinen, keine Schildwache bewachte mehr
den Eingang, und das Herz, die Zitadelle, war gebrochen.
Wie ich von dem Postillion Pieper erfuhr, hatte sie sogar
die Lust an den Hoffmannschen Romanen verloren, und
sie trank jetzt vor Schlafengehn desto mehr Branntewein.
Das ist auch viel einfacher; denn den Branntewein haben
die Leute immer selbst im Hause, die Hoffmannschen
Romane hingegen mußten sie vier Stunden weit aus der
Deuerlichschen Lesebibliothek zu Göttingen holen lassen. Der Postillion Pieper war ein kleiner Kerl, der dabei
so sauer aussah, als habe er Essig gesoffen und sei davon
ganz zusammengezogen. Als ich diesen Menschen nach der
Schwester der Frau Posthalterin befragte, antwortete er:
Mademoiselle Sophia wird bald sterben und ist schon jetzt
ein Engel. Wie vortrefflich mußte ein Wesen sein, wovon
sogar der saure Pieper sagte: sie sei ein Engel! Und er sagte
dieses, während er, mit seinem hochbestiefelten Fuße, das
schnatternde und flatternde Federvieh fortscheuchte. Das
Posthaus, einst lachend weiß, hatte sich eben so wie seine
Wirtin verändert, es war krankhaft vergilbt, und die
Mauern hatten tiefe Runzeln bekommen. Im Hofraum

lagen zerschlagene Wagen, und neben dem Misthaufen, an einer Stange, hing, zum Trocknen, ein durchnäßter, scharlachroter Postillionsmantel. Mademoiselle Sophia stand oben am Fenster und las, und als ich zu ihr hinaufkam, fand ich wieder in ihren Händen ein Buch, dessen Einband von rotem Maroquin mit Goldschnitt, und es war wieder der »Ofterdingen« von Novalis. Sie hatte also immer und immer noch in diesem Buche gelesen, und sie hatte sich die Schwindsucht herausgelesen, und sah aus wie ein leuchtender Schatten. Aber sie war jetzt von einer geistigen Schönheit, deren Anblick mich aufs schmerzlichste bewegte. Ich nahm ihre beiden blassen, mageren Hände und sah ihr tief hinein in die blauen Augen und fragte sie endlich: Mademoiselle Sophia, wie befinden Sie sich? Ich befinde mich gut, antwortete sie, und bald noch besser! und sie zeigte zum Fenster hinaus nach dem neuen Kirchhof, einem kleinen Hügel, unfern des Hauses. Auf diesem kahlen Hügel stand eine einzige schmale dürre Pappel, woran nur noch wenige Blätter hingen, und das bewegte sich im Herbstwind, nicht wie ein lebender Baum, sondern wie das Gespenst eines Baumes.

Unter dieser Pappel liegt jetzt Mademoiselle Sophia, und ihr hinterlassenes Andenken, das Buch in rotem Maroquin mit Goldschnitt, der »Heinrich von Ofterdingen« des Novalis, liegt eben jetzt vor mir auf meinem Schreibtisch, und ich benutzte es bei der Abfassung dieses Kapitels.

*Romantische Schule, 2. Buch; B III, S. 442-445*

# III
# »Im Bierkeller zu Göttingen«

*Stadt und Universität*

Ja, Madame, dort* bin ich geboren, und ich bemerke dieses ausdrücklich für den Fall, daß etwa, nach meinem Tode, sieben Städte – Schilda, Krähwinkel, Polkwitz, Bockum, Dülken, Göttingen und Schöppenstädt – sich um die Ehre streiten, meine Vaterstadt zu sein.

*Reisebilder, 2. Teil. Ideen. Das Buch LeGrand, Kap. VI.; B II, S. 260*

Ich bin heute sehr verdrießlich, mürrisch, ärgerlich, reizbar; der Mißmut hat der Phantasie den Hemmschuh angelegt, und sämtliche Witze tragen schwarze Trauerflöre. Glauben Sie nicht, daß etwa eine Weiberuntreue die Ursache sei. Ich liebe die Weiber noch immer; als ich in Göttingen von allem weiblichen Umgange abgeschlossen war, schaffte ich mir wenigstens eine Katze an; aber weibliche Untreue könnte nur noch auf meine Lachmuskeln wirken.

*Briefe aus Berlin, 2. Brief, 16.3.1822; B II, S. 23 f.*

Einst, im Bierkeller zu Göttingen, äußerte ein junger Altdeutscher, daß man Rache an den Franzosen nehmen müsse für Konradin von Staufen, den sie zu Neapel geköpft. Ihr habt das gewiß längst vergessen. Wir aber vergessen nichts. Ihr seht, wenn wir mal Lust bekommen, mit Euch anzubinden, so wird es uns nicht an triftigen Gründen fehlen.

*Zur Geschichte der Religion und Philosophie in Deutschland,*
*3. Buch; B III, S. 640 f.*

*dort:* in Düsseldorf

Was trieb die Franzosen, eine Revolution zu beginnen, und haben sie das erreicht, was sie bedurften? Die Beantwortung dieser Fragen zu befördern, will ich den Beginn der Revolution in meinen nächsten Artikeln besprechen. Es ist dieses ein doppelt nützliches Geschäft, da, indem man die Gegenwart durch die Vergangenheit zu erklären sucht, zu gleicher Zeit offenbar wird, wie diese, die Vergangenheit, erst durch jene, die Gegenwart, ihr eigentlichstes Verständnis findet, und jeder neue Tag ein neues Licht auf sie wirft, wovon unsere bisherigen Handbuchschreiber keine Ahnung hatten. Diese glaubten, die Akten der Revolutionsgeschichte seien geschlossen, und sie hatten schon über Menschen und Dinge ihr letztes Urteil gefällt: da brüllten plötzlich die Kanonen der großen Woche, und die Göttinger Fakultät merkte, daß von ihrem akademischen Spruchkollegium an eine höhere Instanz appelliert worden, und daß nicht bloß die französische Spezialrevolution noch nicht vollendet sei, sondern daß erst die weit umfassendere Universalrevolution ihren Anfang genommen habe. Wie mußten sie erschrecken, diese friedlichen Leute, als sie eines frühen Morgens die Köpfe zum Fenster hinaussteckten und den Umsturz des Staates und ihrer Kompendien erblickten, und trotz der Schlafmützen die Töne der Marseiller Hymne in ihre Ohren drangen. Wahrlich, daß 1830 die dreifarbige Fahne einige Tage lang auf den Türmen von Göttingen flatterte, das war ein burschikoser Spaß, den sich die Weltgeschichte gegen das hochgelahrte Philistertum der Georgia Augusta erlaubt hat. In dieser allzuernsten Zeit bedarf es wohl solcher aufheiternden Erscheinungen. *Französische Zustände, Artikel VI; B III, S. 167*

Im Bierkeller zu Göttingen mußte ich einst bewundern, mit welcher Gründlichkeit meine altdeutschen Freunde die Proskriptionslisten anfertigten, für den Tag wo sie zur Herrschaft gelangen würden. Wer nur im siebenten Glied von einem Franzosen, Juden oder Slawen abstammte, ward zum Exil verurteilt. Wer nur im mindesten etwas gegen Jahn oder überhaupt gegen altdeutsche Lächerlichkeiten geschrieben hatte, konnte sich auf den Tod gefaßt machen, und zwar auf den Tod durchs Beil, nicht durch die Guillotine, obgleich diese ursprünglich eine deutsche Erfindung und schon im Mittelalter bekannt war, unter dem Namen »die welsche Falle«.

*Ludwig Börne. Eine Denkschrift; B IV, S. 89*

Die allgemeine Klage über hannövrischen Adelstolz trifft wohl zumeist die liebe Jugend gewisser Familien, die das Land Hannover regieren oder mittelbar zu regieren glauben. Aber auch die edlen Jünglinge würden bald jene Fehler der Art, oder, besser gesagt, jene Unart ablegen, wenn sie ebenfalls etwas in der Welt herumgedrängt würden, oder eine bessere Erziehung genössen. Man schickt sie freilich nach Göttingen, doch da hocken sie beisammen, und sprechen nur von ihren Hunden, Pferden und Ahnen, und hören wenig neuere Geschichte, und wenn sie auch wirklich einmal dergleichen hören, so sind doch unterdessen ihre Sinne befangen durch den Anblick des Grafentisches, der, ein Wahrzeichen Göttingens, nur für hochgeborene Studenten bestimmt ist. Wahrlich, durch eine bessere Erziehung des jungen hannövrischen Adels ließe sich vielen Klagen vorbauen. Aber die Jungen werden wie die Alten.

*Reisebilder, 2. Teil. Die Nordsee, 3. Abteilung; B II, S. 230*


Gelüstet es jetzt solche Jäger, wieder einen Menschen zu jagen, so müssen sie ihn dafür bezahlen, wie z. B. den Schnelläufer, den ich vor zwei Jahren in Göttingen sah. Der arme Mensch hatte sich schon in der schwülen Sonntagshitze ziemlich müde gelaufen, als einige hannövrische Junker, die dort Humaniora* studierten, ihm ein paar Taler boten, wenn er den zurückgelegten Weg nochmals laufen wolle; und der Mensch lief, und er war todblaß und trug eine rote Jacke, und dicht hinter ihm, im wirbelnden Staube, galoppierten die wohlgenährten, edlen Jünglinge auf hohen Rossen, deren Hufen zuweilen den gehetzten, keuchenden Menschen trafen, und es war ein Mensch.

*Reisebilder, 2. Teil. Die Nordsee, 3. Abteilung; B II, S. 225*


Ich höre Benekens Collegium über altdeutsche Sprache mit großem Vergnügen. Denk Dir, Fritz, nur 9 (sage neun) Studios hören dieses Collegium. Unter 1300 Studenten, worunter doch gewiß 1000 Deutsche, sind nur 9, die für die Sprache, für das innere Leben und für die geistigen Reliquien ihrer Väter Interesse haben. O Deutschland! Land der Eichen und des Stumpfsinnes!

*An Friedrich von Beughem, 9.11.1820*


*Humaniora:* Geisteswissenschaften

Nur so viel weiß ich, daß all unser kluges Wissen, Streben und Hervorbringen irgend einem höheren Geiste eben so klein und nichtig erscheinen muß, wie mir jene Spinne erschien, die ich in der Göttinger Bibliothek so oft betrachtete. Auf den Folianten der Weltgeschichte saß sie emsig webend, und sie blickte so philosophisch sicher auf ihre Umgebung, und hatte ganz den göttingischen Gelahrtheitsdünkel, und schien stolz zu sein auf ihre mathematischen Kenntnisse, auf ihre Kunstleistungen, auf ihr einsames Nachdenken – und doch wußte sie nichts von all den Wundern, die in dem Buche stehen, worauf sie geboren worden, worauf sie ihr ganzes Leben verbracht hatte, und worauf sie auch sterben wird, wenn der schleichende Dr. L.* sie nicht verjagt. Und wer ist der schleichende Dr. L.? Seine Seele wohnte vielleicht einst in eben einer solchen Spinne, und jetzt hütet er die Folianten, worauf er einst saß – und wenn er sie auch liest, er erfährt doch nicht ihren wahren Inhalt.

*Reisebilder, 2. Teil. Die Nordsee, 3. Abteilung; B II, S. 227*

Was aber das Lateinische betrifft, so haben Sie gar keine Idee davon, Madame, wie das verwickelt ist. Den Römern würde gewiß nicht Zeit genug übrig geblieben sein, die Welt zu erobern, wenn sie das Latein erst hätten lernen sollen. Diese glücklichen Leute wußten schon in der Wiege, welche Nomina den Akkusativ auf *im* haben. Ich hingegen mußte sie im Schweiße meines Angesichts auswendig

*Dr. L.:* Dr. Friedrich Lachmann

lernen; aber es ist doch immer gut, daß ich sie weiß. Denn hätte ich z. B. den 20sten Juli 1825, als ich öffentlich in der Aula zu Göttingen lateinisch disputierte – Madame, es war der Mühe wert zuzuhören – hätte ich da *sinapem* statt *sinapim* gesagt, so würden es vielleicht die anwesenden Füchse gemerkt haben, und das wäre für mich eine ewige Schande gewesen. *Vis, buris, sitis, tussis, cucumis, amussis, cannabis, sinapis* – Diese Wörter, die so viel Aufsehen in der Welt gemacht haben, bewirkten dieses, indem sie sich zu einer bestimmten Klasse schlugen und dennoch eine Ausnahme blieben; deshalb achte ich sie sehr, und daß ich sie bei der Hand habe, wenn ich sie etwa plötzlich brauchen sollte, das gibt mir in manchen trüben Stunden des Lebens viel innere Beruhigung und Trost.

*Reisebilder, 2. Teil. Ideen. Das Buch Le Grand, Kap. VII; B II, S. 267*


Den deutschen Universitäten muß man überhaupt nachrühmen, daß sie den deutschen Schriftsteller, mehr als jede andere Zunft, mit allerlei Narren versorgen, und besonders Göttingen habe ich immer in dieser Hinsicht zu schätzen gewußt. Dies ist auch der geheime Grund, weshalb ich mich für die Erhaltung der Universitäten erkläre, obgleich ich stets Gewerbefreiheit und Vernichtung des Zunftwesens gepredigt habe.

*Reisebilder, 3. Teil. Die Bäder von Lucca, Kap. XI; B II, S. 450*


Göttingen selbst ist in Bologna lange nicht so bekannt, wie man schon, der Dankbarkeit wegen, erwarten dürfte, indem es sich das deutsche Bologna zu nennen pflegt. Ob diese Benennung treffend ist, will ich nicht untersuchen; auf jeden Fall aber unterscheiden sich beide Universitäten durch den einfachen Umstand, daß in Bologna die kleinsten Hunde und die größten Gelehrten, in Göttingen hingegen die kleinsten Gelehrten und die größten Hunde zu finden sind.

*Reisebilder, 3. Teil. Die Bäder von Lucca, Kap. V; B II, S. 412*

# IV
# »Das Corpus Juris ist mein Kopfkissen«

*Zwischen Jus & Poesie*

*Heinrich Heine*
*An Friedrich Arnold Brockhaus*

Beyliegend erhalten Sie ein Manuscript, betitelt: »Traum und Lied«, welches ich Ihnen zum Verlag anbiete. Ich weiß sehr gut, daß Gedichte in diesem Augenblick kein großes Publikum ansprechen und daher als Verlagsartikel nicht sonderlich geliebt seyn mögen. Deßhalb aber habe ich mich eben an Sie, Herr Brockhaus, gewandt, da es mir auch nicht unbekannt geblieben seyn konnte, daß es Ihnen beym Verlag von Poesien auch ein bischen um der Poesie selbst zu thun ist, und daß Sie das anspruchslos Gute in unserer schönen Literatur eben so wirksam zu befördern suchen, wie Sie den gespreizten Dünkel niederzuzerren und zu aller Welts Freude zu demüthigen wissen.

Ich kann daher auch, nach dem Beyspiel mehrerer meiner Freunde, einem Manne wie Sie die Bestimmung des Honorars gänzlich überlassen, und bemerke nur, daß mir am letzteren weit weniger gelegen ist als an dem guten Papier und Druck, womit Sie gewöhnlich Ihre Verlagsartikel so liberal ausstatten.

Ich wünsche recht sehr, daß Sie selbst mein Manuskript durchlesen möchten, und bey Ihrem bekannten richtigen Sinn für Poesie bin ich überzeugt, daß Sie wenigstens der ersten Hälfte dieser Gedichte die strengste Originalität nicht absprechen werden. Dieses letztere, welches heutzutage schon etwas werth ist, mußten mir auch die zähesten Kunstrichter zugestehen, vorzüglich mein Meister A. W. v. Schlegel, welcher (vorigen Winter und Sommer in Bonn) meine Gedichte mehrmals kritisch durchhechelte, manche Auswüchse derselben hübsch ausmerzte, manches Schöne besser aufstutzte und das Ganze, Gott sey Dank, ziemlich lobte.

Da mich leidige Verhältnisse zwingen, jedes Gedicht, dem man irgend eine politische Deutung unterlegen könnte, zu unterdrücken und meist nur erotische Sachen in dieser Sammlung aufzunehmen, so mußte solche freylich ziemlich mager ausfallen. Doch außer sechs Gedichten, welche ich vor ca. vier Jahren in einer Hamburger Zeitschrift »Der Wächter« abdrucken ließ, sind alle Gedichte des Manuskripts noch ungedruckt, und sie mögen schon hinreichen als Belege zu meinen Ansichten über neuere Poesie, welche in dem beygelegten Aufsatze zusammengedrängt ausgesprochen sind.

Recht sehr bitte ich Sie, mir doch sobald als möglich anzuzeigen, ob Sie von meinem Manuskript Gebrauch machen wollen; und ist das nicht der Fall, so ersuche ich Sie, mir solches unter untenstehender Addresse per Fahrpost zukommen zu lassen.

Ich bin mit ausgezeichneter Hochachtung

Ew. Wohlgeboren
ganz ergebener      H. Heine
Göttingen, den 7. November 1820.

Meine Addresse ist: An den Rechtscandidaten H. Heine, bey Dr. Wyneker in Göttingen.

*Heinrich Heine*
*An Moses Moser*
*2.2.1824*

Andere Blätter, besonders belletristische, aus dem übrigen
Deutschland habe ich hier Gelegenheit gehabt durchzu-
stöbern, und zu meinem Aerger fand ich, daß der verma-
ladeite Dümmler* meine Tragödien in keinem einzigen
Blatte, außer der Berliner Zeitung, angezeigt hat. Ich bitte
Dich, ihn dafür tüchtig zu rüffeln. Verursache aber ja nicht,
daß er die dümmere Dummheit begehe, die alte Annonce
jetzt nochmals abdrucken zu lassen. Du sollst nur zu
bewirken suchen, daß er die Tragödien besser zu verbreiten suche. Gebe ihm auch meine Addresse, im Fall er mir
eine Recension zu schicken gedächte. Einliegend findest Du
einen Louisd'or wofür Du mir 5 oder 6 Exemplare meiner
Tragödien bei Dümmler kaufen und mir dieselben mit der
baldigsten fahrenden Post hierherschicken sollst.

Was soll ich thun, ich habe einigen schönen Frauen
(nicht hier) die Tragödien versprochen und muß sie wohl
schenken, da meine Galanterie immer größer ist als meine
pauvreté. Hier haben einige Freunde die Tragödien ebenfalls vergeblich im Buchladen verlangt, und ich versprach,
sie kommen zu lassen, und verliere Geld für den Kram.

*Dümmler:* Berliner Verleger, bei dem 1823 Heines »Tragödien nebst
einem lyrischen Intermezzo« erschienen

*Heinrich Heine*
*An Moses Moser*
*25.2.1824*

Lieber Moser!

Ich weiß nicht, wie ich mir Dein Stillschweigen erklären soll. Je mehr ich drüber nachdenke, je mehr beängstigt
fühle ich mich. Ist der Freund oder die Freundschaft todt?
Ich weiß nicht, was von beidem mich am schmerzlichsten
schmerzen würde. Todt bist Du gewiß nicht, dazu bist Du
viel zu bescheiden und geduldig. Aber Deine Freundschaft
für mich? O das wäre gar zu früh, wenn diese schon gestorben seyn sollte! Alle meine übrigen Freundschaften haben
länger gelebt, und wenn die eine nicht vom Schlag gerührt,
die andere von der Verläumdung vergiftet oder von der
Schwindsucht der Lauheit vertroknet oder durch andre
Krankheit fortgerafft worden wäre, so würden sie sämmt-
lich noch am Leben seyn. (...)

Ich lebe sehr still. Das Corpus Juris ist mein Kopfkissen.
Dennoch treibe ich noch manches andre, z.B. Chroniken-
lesen und Biertrinken. Die Bibliothek und der Rathskeller
ruiniren mich. Auch die Liebe quält mich. Es ist nicht mehr
die frühere, die einseitige Liebe zu einer Einzigen. Ich bin
nicht mehr Monotheist in der Liebe, sondern wie ich mich
zum Doppelbier hinneige, so neige ich mich auch zu einer
Doppelliebe. Ich liebe die Medizäische Venus, die hier auf
der Bibliothek steht, und die schöne Köchinn des Hofrath
Bauer. Ach! und bey beyden liebe ich unglücklich! Die eine
ist von Gyps und die andre ist venerisch. Oder ist letzteres etwa Verläumdung?

*Heinrich Heine*
*An Rudolf Christiani*
*29.2.1824*

Dennoch habe ich eine Nachricht für Sie, die Ihnen lieb
seyn mag, nemlich: mit H. Heines Gesundheit bessert es
sich erstaunlich! Und dies verdanke ich dem ledernen,
schweinsledernen, doppelschweinsledernen Ritter Hugo,
der von meinem Kopfe täglich 2 Stunden alle Geistes-
anstrengungen verscheucht; und dieses ist mir wohlthä-
tig, so wie auch die freye Luft und das Göttinger Bier. Ich
arbeite viel und denke wenig. Ich lebe sehr obskur, solide
und sogar tugendhaft.

*Heinrich Heine*
*An Rudolf Christiani*
*7.3.1824*

Mit meiner Gesundheit sieht es wieder schlecht aus; ich
mag wohl des Nachts zu viel an der Medizäischen Venus
von der Bibliothek und an Hofrath Bauers Magd denken.
Bey diesem höre ich diesen Sommer Criminalrecht und bey
Meister Pandekten. Ich treibe immer Jus, aber, verflucht,
ich kann nichts los kriegen. Noch immer kenne ich die
Titel der skottschen Romane und die Novellen des Bockaz
oder Tieks viel besser als die Titel und Novellen im Corpus
juris. O, heiliger Justinian, erbarme dich meiner! so mancher Schöps hat dich kapirt, und ich muß verzagen! O, all
Ihr römischen Imperatoren erbarmt Euch meiner! O Gajus,
Paulus, Papinianus, Ihr verfluchten Heiden, Ihr müßt in der
Hölle dafür brennen, daß Ihr das Jus so weitläufig gemacht.
Und welches jean paulische, d.h. schwere Latein! Täglich
verwünsche ich den Arminius und die Schlacht im Teuto-
burger Walde. Wäre diese nicht vorgefallen, so wären wir
jetzt alle Römer und sprächen Latein, und das Corpus Juris
wäre uns so geläufig und leicht wie Claurens Mimili. –
Ich will nicht weiter schreiben, ein alt-Deutscher könnte
mich überraschen und mir den Dolch ins undeutsche Herz
stoßen mit einem pathetischen: Stirb, verfehmter Zwing-
herrnknecht und Vaterlandsverächter! Aber ich ergreife
dann das neben mir liegende Nibelungenlied und halte
es als Schild dem jenäischen Donquixote entgegen, und
der Dolch entfällt ihm und er faltet betend die Hände: O
sancta Chrimhilda, Brunhilda & Uhta ora pro nobis!

*Heinrich Heine*
*An Professor Friedrich Bouterwek*

Herr Hofrath!

Ich mache mir das Vergnügen, Ihnen beykommendes Buch* als ein geringes Zeichen meiner Hochachtung zu verehren und wünsche, daß Sie dem Lesen desselben eine milde Stunde widmen mögen. So bald eine Unpäßlichkeit, die mich jetzt niederdrückt, es erlaubt, bin ich so frey, Ihnen persönlich meine Aufwartung zu machen. Ich bin,

Herr Hofrath,

mit Verehrung und Ergebenheit

H. Heine.

Göttingen, den 8. Merz 1824.

* *beykommendes Buch:* »Tragödien nebst einem lyrischen Intermezzo«

*Heinrich Heine*
*An Friedrich Wilhelm Gubitz*
*9.3.1824*

Lieber Professor Gubitz, hochgeschätzter Herr Collegue!
Ich wünsche, daß dieser Brief Sie in vollem Wohlseyn
und in Ihrem gewöhnlichen Humor antreffe. Mit meiner
Gesundheit sieht es jetzt etwas besser aus. Ça ira.

Anbey übersende ich Ihnen für den Gesellschafter die
neusten Kinder meiner Muse, überschrieben »drey und
dreyzig Gedichte von H. Heine«.*

Sie werden sich baß verwundern über das Befremdliche
und Nonchalante in der Form einiger dieser Gedichte, vielleicht erwecken Sie auch bey Ihnen und andren Leuten ein
verdammendes Kopfschütteln, dennoch weiß ich, daß sie
zum Eigenthümlichsten gehören, was ich bisher gegeben.
Ich verlange daher, im Fall Sie sie überhaupt des Abdrucks
würdigen, daß Sie sich alles Gubitzens – Sie wissen, was ich
meine – dabey enthalten, daß Sie beym Abdruck kein Wort,
keine Sylbe verändern; im Fall Ihnen dieses nicht möglich ist,
lassen Sie diese Gedichte ganz ungedruckt, und ich werde
sie von Ihnen durch einen Freund abholen lassen. Auch ist
es durchaus nöthig, daß der Cyklus in einer Woche ganz
erscheine, nemlich in den vier auf einmahl ausgegebenen
Blättern. Mehrere Gedichte, die ich mit Bleyfederstrichen
eingeklammert, sollten wohl auch auf demselben Blatte

---

* *drey und dreyzig Gedichte:* »Drei und dreißig Gedichte« erschienen
im »Gesellschafter« Nr. 49–52.

zusammengedruckt werden, wie Sie selbst einsehen werden, z. B. bey den Seestücken. – Auch glaube ich, daß mit dem Abdruck dieser Einsendung nicht lange gezögert werde, im Fall Sie kein Manuskript von Göthe oder Walter Scott liegen haben. Ich bedinge mir ausdrücklich acht Exemplare des Abdrucks der 33 Gedichte und werde dieselben bey Ihnen abholen lassen. Vergessen Sie daher nicht, die acht Ex in der Druckerey zu bestellen. Ich habe sie durchaus nöthig; muß sie an Freunde und Verwandte schicken.

Daß ich so selten was für den Gesellschafter einsende, liegt nicht an mir, sondern an meiner Gegenwärtigen Lage, wo ich von Krankheit und Jurisprudenz niedergedrückt werde. Das wird sich aber ändern, und seyn Sie überzeugt, daß ich mich immer für den Gesellschafter interessiren werde. Ich wünschte wohl, daß sich derselbe auch für mich interessire, und ich mache Ihnen den interessanten Vorschlag, ob Sie mir nicht meine heutige Einsendung und die künftigen mit Ihrem gewöhnlichen Honorar sogleich honoriren wollten. Ich überlasse das Ihrem freundlichen Ermessen. Wenn ich nicht zufällig das Gegenteil von einem Millionair wäre, würde ich gewiß kein Honorar verlangen. – Ich lebe hier sehr still, arbeite viel und werde unausstehlich gelehrt. So kann der Mensch sinken! Halten Sie mich in gutem Andenken, loben Sie mich auch bey Gelegenheit; denn gestern habe ich Sie auch gelobt, und es war im Rathskeller, und eine Menge Studenten, wovon jeder seine 8 Krüge Doppelbier vertragen kann, waren gegenwärtig.

Wenn Sie mir etwas zu sagen haben, so schicken Sie Ihren Brief an den Ihnen wohl schon bekannten Herrn Moser, bey M. Friedländer & Co, neue Friedrichstr. No. 47. Dieser hat die

Güte mir meine kleinen Angelegenheiten zu besorgen. Leben
Sie wohl und seyn Sie überzeugt, daß ich nie aufhöre zu seyn

Ihr Freund

H. Heine.

*Heinrich Heine*
*An Rudolf Christiani*
*24.5.1824*

Meine »drey und dreyzig« haben in Berlin höchst merk-
würdige Schicksale gehabt. Bis zu dem Himmel erhoben
als das extra-Neueste unserer Literatur, und dann wieder
bis in den Koth herabkritisirt als geistlose Verirrung der
Zeit. Man klagt, der Ruhm habe mich verführt, diese leich-
ten Sachen sorglos eilig hinzuschreiben, so daß die Spur
solcher Flüchtigkeit überall sichtbar sey. Letzteres schrieb
mir auch mein Bruder aus Lüneburg, der in Hamburg viel
kritisches über mich gehört haben will, z.B. daß ich kein
Deutsch verstände. Der Redakteur der posener Zeitung,
ein Pole, hat dieses ebenfalls behauptet in seinen Streit-
schriften gegen mich.

Am Rhein und in Westfalen, hör ich, sollen meine
Tragödien zwar sehr viel gelesen, aber noch nicht so recht
verstanden und goutirt werden. Desto mehr knoppert man
behaglich an den Gedichten, über deren Rüdesse man noch
allgemeine Klage führt.


Doch die Kastraten klagten
Als ich meine Stimm erhob;
Sie klagten und sie sagten:
Ich sänge viel zu grob.

Und lieblich erhoben sie alle
Die kleinen Stimmelein,

Die Trillerchen, wie Kristalle,
Sie klangen so fein und rein.

Sie sangen von Liebessehnen,
Von Lieb und Liebeserguss!
Die Damen schwammen in Thränen
Bey solchem Kunstgenuß!

(…) doch bin ich jetzt an einer großen Novelle\*, die mir
sehr sauer wird. So bald diese fertig ist, gehe ich an die
Tragödie und dann an eine längst projektirte wissenschaft-
liche Arbeit. Nur leide ich noch gar zu sehr an meinen
Kopfschmerzen und bin gar zu sehr bedrückt von meinen
juristischen Arbeiten. Beim alten Meister kriege ich die
Pandekten los und hoffe, dies Jahr fertig zu werden.

Alsdann soll die Poeterey recht losgehn, denn im
Grunde bessert es sich auch mit meinem Kopfe immer
mehr und mehr.

\*Novelle: »Rabbi von Bacherach«

*Heinrich Heine*
*An Friederike und Ludwig Robert*
*27.5.1824*

Verehrte Frau!

Ihren Brief vom 22. dieses habe ich richtig erhalten und daraus ersehen, daß mein Freund Moser bey Ihnen noch nicht meine Aufträge ausgerichtet. Ich habe ihm nemlich zur Beförderung an Sie einen Sonettenkranz geschickt, den ich con amore, aber vielleicht eben dadurch recht stümperhaft geschrieben. – Wahrlich, Sie verdienten ein besseres Schicksal! Ferner sollte Ihnen Moser sagen, daß ich bald selbst schriebe.

(...)

Was mich selbst betrifft, so sagte ich Ihnen bereits in Berlin, daß ich außer einigen zu den Zeitmemoiren gehörigen und folglich nicht mittheilbaren Aufsätzen keinen Fetzen gutes Manuskript liegen habe, und daß ich Ihnen nur einige unbedeutende Gedichte, bloß mit einer Chiffre unterzeichnet, mittheilen kann. Ein Hundsfott ist, wer mehr giebt als er hat, und ein Narr ist, wer alles mit seinem Namen giebt. Ich will beides nicht seyn, schicke Ihnen für die »Rheinblüthen« beyliegende, bloß mit H. überzeichnete Gedichte, wofür ich, eben weil ich sie nicht mit meinem Namen unterzeichne, durchaus kein Honorar verlange. Thun Sie mir das nicht zu Leid, daß Sie eigenmächtig meinen Namen unter diese Gedichte setzen; ich habe schon von Freunden zu oft solche Willkürlichkeiten zu erdulden gehabt, als daß diese Bemerkung nicht verzeihlich wäre. Ich verspreche Ihnen auch schriftlich, für den folgenden Jahrgang des Almanachs etwas recht gutes Großes zu liefern, und ich bin wohl der Mann, der es vermag. Der Abgang der Post ist zu nahe, als daß ich heute viel schreiben könnte, außerdem hin ich, wie Sie aus meinem ganzen Briefe sehen werden, ebenfalls sehr verstimmt, ich muß mich mit langweiligen mühsamen Arbeiten abquälen (...).

Herzlichen Dank, lieber Robert, für Ihre herzlichen Zeilen. Ich muß Ihnen nächstens mahl einen großen Brief schreiben, jetzt drängt mich die Post.
(...)
Apropos! wenn Ihnen die Sonette an Ihre Frau nicht ganz und gar mißfallen, so lassen Sie solche in den »Rheinblüthen« abdrucken, mit der Chiffre H. unterzeichnet und mit einer Ihnen beliebigen Ueberschrift. Wahrlich, für mich sind diese Sonette nicht gut genug, und ich darf auf keinen Fall meinen Namen drunter setzen. Ich habe mir jetzt überhaupt zum Grundsatz gemacht, nur Ausgezeichnetes zu unterzeichnen (...).

## Friedrike*

### I

Verlaß Berlin, mit seinem dicken Sande
Und dünnen Tee und überwitzgen Leuten,
Die Gott und Welt, und was sie selbst bedeuten,
Begriffen längst mit Hegelschem Verstande.

Komm mit nach Indien, nach dem Sonnenlande,
Wo Ambrablüten ihren Duft verbreiten,
Die Pilgerscharen nach dem Ganges schreiten,
Andächtig und im weißen Festgewande.

Dort, wo die Palmen wehn, die Wellen blinken,
Am heilgen Ufer Lotosblumen ragen
Empor zu Indras Burg, der ewig blauen;

Dort will ich gläubig vor dir niedersinken,
Und deine Füße drücken, und dir sagen:
Madame! Sie sind die schönste aller Frauen!

* *Friedrike:* Die drei Sonette, die Heines Brief vom 27.5.1824 beigefügt
waren, wurden nicht in den »Rheinblüten« veröffentlicht. *BIV, S.360f.*

Der Ganges rauscht, mit klugen Augen schauen
Die Antilopen aus dem Laub, sie springen
Herbei mutwillig, ihre bunten Schwingen
Entfaltend wandeln stolzgespreizte Pfauen.

Tief aus dem Herzen der bestrahlten Auen
Blumengeschlechter, viele neue, dringen,
Sehnsuchtberauscht ertönt Kokilas Singen –
Ja, du bist schön, du schönste aller Frauen!

Gott Kama lauscht aus allen deinen Zügen,
Er wohnt in deines Busens weißen Zelten,
Und haucht aus dir die lieblichsten Gesänge;

Ich sah Wassant auf deinen Lippen liegen,
In deinem Aug entdeck ich neue Welten,
Und in der eignen Welt wirds mir zu enge.

Der Ganges rauscht, der große Ganges schwillt,
Der Himalaja strahlt im Abendscheine,
Und aus der Nacht der Banianenhaine
Die Elefantenherde stürzt und brüllt –

Ein Bild! Ein Bild! Mein Pferd für 'n gutes Bild!
Womit ich dich vergleiche, Schöne, Feine,
Dich Unvergleichliche, dich Gute, Reine,
Die mir das Herz mit heitrer Lust erfüllt!

Vergebens siehst du mich nach Bildern schweifen,
Und siehst mich mit Gefühl und Reimen ringen, –
Und, ach! du lächelst gar ob meiner Qual!

Doch lächle nur! Denn wenn du lächelst, greifen
Gandarven nach der Zither, und sie singen
Dort oben in dem goldnen Sonnensaal.

*Heinrich Heine*
*An Moses Moser*
*25.6.1824*

Ich lebe hier im alten Gleise, d. h. ich habe 8 Tage in der
Woche meine Kopfschmerzen, stehe des Morgens um 1/2
5 auf und überlege, was ich zuerst anfangen soll, unterdessen kommt langsam die 9te Stunde herangeschlichen, wo
ich mit meiner Mappe nach dem göttlichen Meister eile –
ja der Kerl ist göttlich, er ist idealisch in seiner Hölzernheit,
er ist der vollkommenste Gegensatz von allem Poetischen
und eben dadurch wird er wieder zur poetischen Figur, ja
wenn die Materie die er vorträgt ganz besonders trocken
und ledern ist, so kommt er ordentlich in Begeisterung. In
der That, ich bin mit Meister vollkommen zufrieden, und
werde die Pandekten mit seiner und Gottes Hilfe los kriegen. Außerdem treibe ich viel Chronikenstudium und ganz
besonders viel historia judaica. Letztere wegen Berührung
mit dem Rabbi, und vielleicht auch wegen inneren Bedürf-
nisses. Ganz eigene Gefühle bewegen mich wenn ich jene
traurige Analen durchblättre; eine Fülle der Belehrung
und des Schmerzes. Der Geist der jüdischen Geschichte
offenbart sich mir immer mehr und mehr, und diese geistige Rüstung wird mir gewiß in der Folge sehr zu statten
kommen. An meinem Rabbi habe ich erst 1/3 geschrieben,
meine Schmerzen haben mich auf schlimme Weise daran
unterbrochen, und Gott weiß ob ich ihn bald und gut voll-
ende. Bei dieser Gelegenheit merkte ich auch daß mir das
Talent des Erzählens ganz fehlt; vielleicht thue ich mir auch
Unrecht es ist bloß die Sprödigkeit des Stoffes.

*Heinrich Heine*
*An Moses Moser*
*20.7.1824*

Ich treibe mich viel herum in Studentenangelegenheiten.
Bey den meisten Duellen hier bin ich Sekundant oder
Zeuge oder Unpartheyischer oder wenigstens Zuschauer.
Es macht mir Spaß, weil ich nichts Besseres habe. Und im
Grunde ist es auch besser als das seichte Gewäsche der
jungen und alten Dozenten unserer Georgia Augusta. Ich
weiche dem Volk überall aus. Den alten Eichhorn habe
ich kennen gelernt. Er hat mich zum Mitarbeiter am Göttinger gelehrten Anzeiger* angeworben und mir gleich
schon Bopp's »Ardschuna's Reise zu Indra's Himmel aus
dem Maha-Baratha, Berlin, bey Wilh. Logier« zum rezen-
siren übergeben.

* *Mitarbeiter am Göttinger gelehrten Anzeiger:* Die »Göttingischen
Gelehrten Anzeigen« erschienen seit 1739. Heine ist niemals Mitarbeiter
geworden und hat auch Bopps Buch nicht rezensiert.

*Heinrich Heine*
*An Moses Moser*
*25.10.1824*

Blutwenig habe ich diesen Sommer geschrieben. Ein paar
Bogen an den Memoiren. Verse gar keine. Am Rabbi wenig,
so daß kaum 1/3 davon geschrieben ist. Er wird aber sehr
groß, wohl ein dicker Band, und mit unsäglicher Liebe trage
ich das ganze Werk in der Brust. Ist es ja doch ganz aus der
Liebe hervorgehend, nicht aus eitel Ruhmgier. Im Gegentheil, wenn ich der Stimme der äußern Klugheit Gehör
geben wollte, so würde ich es gar nicht schreiben. Ich sehe
voraus, wie viel ich dadurch verschütte und Feindseeliges her-
beyrufe. Aber eben auch, weil es aus der Liebe hervorgeht,
wird es ein unsterbliches Buch werden, eine ewige Lampe im
Dome Gottes, kein verpraßlendes Theaterlicht. Ich habe viel
Geschriebenes in diesem Buche wieder ausgelöscht, jetzt erst
ist es mir gelungen, das Ganze zu fassen, und ich bitte nur
Gott, mir gesunde Stunden zu geben, es ruhig niederzu-
schreiben. Lächele nicht über dieses Gackern vor dem Eyer-
legen. Lächle auch nicht über mein langes Brüten; so ein
gewöhnliches Gänseey (ich meine nicht Dr. Gans) ist schneller
ausgebrütet als das Taubeney des heiligen Geistes. Du hast vergessen, mir paar Notizen mitzutheilen, die ich in meinem
Letzten Brief zum Behuf des Rabbi verlangte. Dem Dr. Zunz
lasse ich für seine Mittheilung über die spanischen Juden tau-
sendmahl danken. Obschon sie höchst dürftig ist, so hat Zunz
mir doch mit einem einzigen scharfsinnigen Wink mehr ge-
nutzt als einige vergeblich durchstöberte Quartbände, und
er wird unbewußt auf den Rabbi influenzirt haben. (...)

Aber, wie ein Wort das andre giebt, so giebt auch ein Vers den andern, und ich will Dir paar unbedeutendere Verse mittheilen, die ich gestern Abend machte, als ich über die Weenderstraße troz Regen und Wetter spatzieren ging und an Dich dachte, und an die Freude, wenn ich Dir mahl den Rabbi zuschicken kann, und ich dichtete schon die Verse, die ich auf den weißen Umschlag des Exemplars als Vorwort für Dich schreiben würde, – und da ich keine Geheimnisse für Dich habe, so will ich Dir schon hier jene Verse mittheilen:

> Brich aus in lauten Klagen,
> Du düstres Martyrerlied,
> Das ich so lang getragen
> Im flammenstillen Gemüth!
>
> Es dringt in alle Ohren,
> Und durch die Ohren ins Herz;
> Ich habe gewaltig beschworen
> Den tausendjährigen Schmerz.
>
> Es weinen die Großen und Kleinen,
> Sogar die kalten Herr'n,
> Die Frauen und Blumen weinen,
> Es weinen am Himmel die Stern'!
>
> Und alle die Thränen fließen
> Nach Süden, im stillen Verein,
> Sie fließen und ergießen
> Sieh all' in den Jordan hinein.

Lieber Moser!

Meinen Brief, den ich Dir vorige Woche schrieb, wirst Du wohl schon erhalten haben. Indessen, ich kann nicht wohl Deine Antwort erwarten, um Dir wieder zu schreiben und einen Liebesdienst von Dir zu verlangen. Ja, ich habe das Mißgeschick, immer Gefälligkeiten von Dir verlangen zu müssen, ohne Dir etwas anders dafür geben zu können als meine brüderlichste Liebe. Indessen, ich will diese nicht gar zu niedrig anschlagen. Mancher schlechte Stein gilt schon etwas, weil er ungewöhnlich und selten ist. —

Marquis! Deine Kenntnisse, Deine Zeit werden durchaus wieder von mir in Beschlag genommen. Du mußt nemlich statt meiner die Rezension des besprochenen Bopp'schen Buchs (»Ardschunas Reise zu Indras«, Berlin bey W. Logier) statt meiner anfertigen. Ich hatte versprochen, sie ungefähr um diese Zeit zu liefern, hatte in den Ferien auf der Reise das Buch nicht zur Hand, um die Rezension zu schreiben, und da ich mich jetzt dran geben wollte, werde ich durch unvorhergesehene Hindernisse davon abgehalten. Ich habe jetzt meine »Harzreise« schon zur Hälfte geschrieben und will nicht abbrechen. Diese schreibe ich in einem lebendigen, enthousiastischen Styl, und es würde mir nicht allein nach einer Unterbrechung schwer werden, wieder hineinzugerathen, sondern auch würde es mir schwer fallen, aus diesem Styl in die trockne gelehrten Anzeige-Prosa überzugehen.

Außerdem muß ich mich, so bald ich nur kann, mit einer Dissertazion\* befassen, die in eine ganz andre Sphäre spielt als Indien und mir, der sich so leicht verwirrt, nicht erlaubt, an eine andre gelehrte Arbeit zu denken. Und diese Dissertazion, die ich für einen meiner Freunde schreibe, muß ich durchaus unternehmen, sonst kommt ein sehr liebenswürdiger Mensch in die größte Misere. Spaßhaft genug, mich quälen andre, um für sie zu schreiben, und ich quäle wieder Dich, um für mich zu schreiben; so quälen die Menschen einer den andern nach der bekannten Bell und Lancasterschen Methode. Außerdem leide ich noch sehr an meinem Kopfe, und täglich höre ich Collegien bey – Hugo, Bauer und Meister.

Ich glaube, dieses letztere ist hinreichend, um Dich zu bewegen, an die Arbeit zu gehen. Ich brauche Dir wohl nicht vorzuschreiben, wie Du die Rezension zu schreiben hast. Die Hauptsache ist ruhiges, klares, verständliches Referrat. Nur grundgelehrt, und soviel als möglich mit neuen Gedanken und Ansichten gespickt. Ueber Indien im Allgemeinen und über das Buch ins Besondere. Ich weiß, daß Dir das wenig Mühe macht, auf den Styl kömmt nichts an, nur klar und verständlich muß der Aufsatz seyn, und – ich bitte Dich – in 14 Tagen fertig. Willst Du aber meinen Wunsch nicht erfüllen, so bitte ich Dich, mir dieses umgehend zu antworten. In dieser Erwartung verharrt

Dein sehr gequälter und quälender Freund

H. Heine.

---

\* *Dissertazion:* Heine hat vermutlich keine Dissertation geschrieben.

*Heinrich Heine*
*An Friedrich Wilhelm Gubitz*
*30.11.1824*

Zweck meiner Zeilen ist die Bitte, einen von Dr. Peters verfaßten antikritischen Aufsatz über mich selbst im »Gesellschafter« abdrucken zu lassen. Dieser Herr hat mich nemlich ersucht Ihnen deßhalb zu schreiben, weil er besorgt, Sie möchten aus Freundschaft für mich Bedenken tragen einen Aufsatz aufzunehmen, worinn er einiges sehr Herbe gegen mich auszusprechen gedenkt. Professor! wie sind hier die Leute noch zurück in der Cultur, sie wissen nicht, daß oft dem Dichter die Angriffe mehr nützen als das gelinde Lobstreicheln …

*Heinrich Heine*
*An Moses Moser*
*11.1.1825*

Theuerer Moser!

Warum kannst Du mir nicht mahl schreiben, ehe
Du von mir Brief erhalten? Mußtest Du warten, bis ich
Deinen Brief vom 10. Novbr. beantworte? Hierzu brauch-
test Du weder ein Genie noch ein Esel zu seyn. Ich, der ich
mir schmeichle, beides nicht zu seyn, würde so handeln,
wenn ich der Moser wäre, der neue Friedrichstr. 48 par-
terre im Friedländerschen Comptoir sitzt und ein Freund
jenes Heine ist, der Jüdenstraße No. 21 im Hugo'schen
Collegium schmachtet. Wenn ich sage, daß ich kein Esel
und kein Genie bin, so will ich nicht damit renommiren.
Wäre ich ersteres, so wäre ich längst befördert, z.B. zum
Professor extraordinarius in Bonn. Und was das Genie
betrifft – ach Gott, ich habe die Entdeckung gemacht: alle
Leute in Deutschland sind Genies, und ich, just ich, bin
der einzige, der kein Genie ist. Ich scherze nicht, es ist
Ernst. Was die ordinärsten Menschen zu fassen vermögen,
wird mir schwer. Ich bewundre, wie die Menschen das
Halbbegriffene, das aus dem Zusammenhang des Wissens
Gerissene, im Kopf behalten und mit treuherziger Miene
in ihren Büchern, oder von ihren Kathedern herab, wieder
erzählen können. Wer dieses kann, halte ich für ein Genie.
Indessen, wegen der Rarität, wird jenen Menschen, die es
nicht können, der Name eines Genies beygelegt. Das ist die
große Ironie. Das ist der letzte Grund meiner Genialität.
Das ist auch der letzte Grund, warum ich mich mit meiner

Jurisprudenz zu Tode quäle, warum ich noch nicht damit fertig bin und erst Ostern fertig werde.

Mit der Genialität in der Poesie ist es auch so eine ganz zweydeutige Sache. Das Talent ist mehr werth. Zu jeder Vollbringung gehört das Talent. Um ein poetisches Genie zu seyn, muß man erst das Talent dazu haben. Das ist der letzte Grund der Göthe'schen Größe. Das ist der letzte Grund, warum so viele Poeten zu Grunde gehen: z. B. Ich!

Freund meiner Seele! Seele meines Freundes! Freundliche Seele! Du siehst, daß ich in der schlechtesten Laune von der Welt bin! Freundliche Seele – nein! dieser Ausdruck ist zu bitter. Gieb mir nie Gelegenheit, ihn zu gebrauchen. Mit der Freundlichkeit haben mich meine meisten Freunde getödtet. Aergere Dich über mich, und lasse mir diesen Aerger fühlen. – Gott Lob! ich sehe, Du ärgerst Dich schon, indem ich, statt Dir über meinen jetzigen Zustand etwas Bestimmtes zu sagen, lauter Unsinn schwatze. Aber lange ärgere ich nie meine Freunde, drum will ich kurz mich hier mittheilen.

Wie oben bemerkt ist, ich arbeite angestrengt an meinem jus. Lebe übrigens ganz einsiedlerisch. Bin nicht geliebt hier und weiß noch nicht, ob es rathsam ist, Ostern hier zu promoviren. Vor drey Tagen habe ich an meinen Onkel Salomon Heine geschrieben, daß ich noch ein halb Jahr hier zu bleiben wünsche. Ich schrieb ihm concis und ohne Umschweife. Ich bin gespannt auf seine Antwort. Du siehst also, daß ich nicht mit Bestimmtheit sagen kann, was ich nächstens thun werde. Das hat auch gar Nichts zu bedeuten: das Schlimmste ist nur gar zu sehr bestimmt; nemlich daß ich auf eine unerträgliche und geisteshemmende Weise von meinen Kopfschmerzen gequält werde; z.B. in diesem Augenblick. Ich schreibe wenig, lese viel. Immer noch Chroniken und Quellenschriftsteller. Ich bin, ehe ich mich dessen versah, in die Reformazionsgeschichte gerathen, und in diesem Augenblick liegt der 2te Folioband von von der Hardt's Hist. liter. reformationis auf meinem Tische; ich habe gestern Abend darin die Reuchlin'sche Schrift gegen das Verbrennen der hebr. Bücher mit großem Interesse gelesen. Für Dein Studium der Religionsgeschichte kann ich Schröckh's Kirchengeschichte mit Enthousiasmus, wegen der gründlichen Zusammenstellung, Dir empfehlen. Seit den Ferien habe ich schon 2 Dutzend Bände davon verknopert. Doch Du hängst für die ersten Jahren noch in den Mythen des Orients. Außerdem lese ich französische Vaudevilles. – Meine Harzreise habe ich längst, seit Ende Novbr., fertig gemacht, so weit es mir wegen meines Zeitmangels möglich war. Ich habe sie vorigen Monath an meinen Onkel Henry Heine geschickt, um ihm und den Weibern ein Privatvergnügen damit zu machen. Sie enthält viel Schönes, besonders eine neue Sorte Verse, wird, wenn ich sie von Hamburg zurückerhalte, gedruckt werden, wird sehr gefallen und ist im Grunde ein zusammengewürfeltes Lappenwerk. An die Fortsetzung meines armen Rabbi darf ich in diesem Augenblick nicht gehen. Nur dann und wann kann ich Stückchen meiner Memoiren schreiben, die einst zusammeugeflickt werden. O Flickwerk! Ferner schleppe ich mich mit den Ideen zu einer Menge poetischer und unpoetischer Meisterwerke. Unter andern will ich auch eine lateinische Abhandlung über die Todesstrafe schreiben. Versteht sich dagegen. Beccaria ist todt und kann mich nicht mehr des Diebstahls anklagen. Ich werde systematisch auf den Gedankendiebstahl ausgehen.

Grüße mir Gans recht brüderlich und herzlich. Mit Dondorf (ehemals hieß er Doctor), mit welchem ich hier oft zusammenkomme, spreche ich oft über ihn. Wenn er noch, wie Du schreibst, so sehr oft zu Varnhagens kommt, so könnte er mir eine Gefälligkeit erzeigen, ich würde ihn nemlich alsdann ersuchen, Herrn von Varnhagen zu bitten, mir die Privat-Addresse von Cotta zu geben. Vergiß das nicht, und wo möglich besorge es bald. – Grüße mir Leßmann recht herzlich. – Daß Du mich in Hinsicht der indischen Recension im Stich läßt, ist sehr lieblos. Ich habe das Buch noch immer und sehe voraus, daß, da ich den Aufsatz in diesem Augenblick unmöglich schreiben und liefern kann, mir das Buch nächstens zurückgefordert wird. Kannst Du mir nicht helfen? Wenn Du es jetzt noch thun wolltest, so würdest Du mich sehr verbinden. Es kommt hier auf trockne Gelehrsamkeit an. – Blätter bekomme ich gar nicht zu Gesicht. – Vom Verein sagst Du mir gar Nichts. Grüße mir Zunz und seine Frau, so wie auch J. Lehmann, wenn Du ihn siehst, und den guten Marcus. Schreib mir bald und viel. Ich schmachte nach Brief von Dir. Du weißt ja, wie ich hier lebe. Wenn Du mir das Wohlwollen Hitzig's, den ich sehr schätze, erhalten kannst, so thu es. Grüße mir denselben, wenn Du ihn siehst. – Endlich bitte ich Dich, bleibe auch Du mir gewogen und sey überzeugt, daß ich von ganzer Seele bin

Dein Freund

H. Heine.

Lieber Moser!

Es ist schön von Dir, daß Du meiner nicht ganz und gar vergißt. Ich gebe meinen Freunden nicht viel Anregung, und bey meiner Grämlichkeit, oder besser gesagt bey meiner Lage, wäre es kein sonderliches Wunder, wenn sie sich allmählig von mir wenden. – Ich will hiermit gar nichts gesagt haben, denn bey Gott, ich bin in diesem Augenblick nicht im Stande, an etwas anderes zu denken als an meine physischen Schmerzen. Diese haben mich die letzten 14 Tage gequält, fast so sehr gequält, wie ich meine Freunde quäle mit der beständigen Erwähnung dieser Schmerzen. – Der eigentliche Zweck dieses Briefes ist, Dir meinen Bruder zu empfehlen, der im Begriff ist, nach Berlin zu reisen, um Medicin zu studiren. Das Beste, was Du für ihn thun kannst, ist, daß Du ihn mit einem gescheuten Mediciner bekannt machst, der ihm sagt, was er hören soll, und daß Du ihn mit einem guten Oekonom bekannt machst, der ihm sagt, wie er in Berlin am ökonomischsten leben kann. Macht ihn auch mit Zunz und Gans bekannt, wenns Dir gefällt auch mit dem alten Friedländer. Er ist noch jung genug, um diesen mit Bewunderung goutiren zu können. Auch an Hillmar lasse ich ihn empfehlen. – Mein Bruder ist ein ordentlicher, williger Mensch, äußerlich nicht sehr anziehend, innerlich voll von griechischen und römischen Autoren, und besonders zu hüten vor Aesthetik, Venerie und andre ansteckende Krankheiten. – Da ich mahl am

Empfehlen bin, so will ich mich selbst Dir ebenfalls aufs Neue empfehlen. Behalte mich, denn Du findest wirklich keinen Freund, an dem Du alle Geduld und Mühen der Freundschaft besser ausüben kannst als an mir. Wahrhaftig, mein theurer, lieber Marquis!

Meine äußere Lage ist nicht sehr verändert. Ich habe den ganzen Winter an der Jurisprudenz gearbeitet, habe manche sehr gesunde Tage gehabt, und wenn ich in diesem Augenblick nicht einen so schlimmen Rückfall von Schmerzen hätte, so würde ich mich jetzt zum juristischen Promoviren melden. Doch in dem Zustand, worin ich mich jetzt befinde, kann ich nicht daran denken; welches um so trauriger ist, da ich nach der Promozion viel schreiben wollte, unter andern die Vollendung des Rabbi, der mir centnerschwer auf der Seele liegt. Dieses uneigennützigste Werk wird auch das gediegenste werden. – Ich habe gute Hoffnung, diesen Sommer recht zu gesunden, mein Arzt giebt sich viele Mühe und ich auch. Viel Geldausgaben und Verschlucken unangenehmer Medicinen.

Mein Oheim in Hamburg hat mir noch ½ Jahr zugesetzt. Aber Alles, was er thut, geschieht auf eine unerfreuliche Weise. Ich habe ihm bis auf dieser Stunde noch nicht geantwortet, denn es ist mir zu ekelhaft, ihm zu zeigen, wie läppisch und erbärmlich man mich bey ihm verklatscht. Ebenfalls aus Ekel übergehe ich hier diese Eitermaterie. – Bin ich gesund, so habe ich Kraft genug, Alles zu ändern; bis dahin will ich mich gedulden.

An Roberts in Carlsruhe habe ich geschrieben. Ich will meine Harzreise für die Rheinblüthen geben. Diese habe ich deßhalb von meinem Onkel Henry Heine, dem ich sie geschickt hatte, zurückverlangt, und sobald ich sie erhalte, schicke ich sie nach Carlsruhe. Ich war früher gesonnen, sie ins Morgenblatt zu geben, und deßhalb wollte ich an Cotta schreiben. Ungern gebe ich sie in die Rheinblüthen; das Almanachswesen ist mir im höchsten Grade zuwider. Doch ich habe nicht das Talent, schönen Weibern Etwas abzuschlagen. Im Grunde ist mir die ganze jetzige Literatur zuwider, und darum schleppe ich mich auch mehr mit Ideen zu Büchern, die für die Folge berechnet sind, als mit solchen, die für die Gegenwart passen. Z. B. ein angefangener Faust, meine Memoiren und dergleichen. Ekelhaft ist mir die Gegenwart mit ihrem Lob und noch mehr mit ihrem Tadel. – Meine äußere Abhängigkeit von dieser Gegenwart ist mir noch das Unangenehmste.

Wie Immermann denkt und wie es mit ihm steht, kann ich Dir am besten zeigen, wenn ich Dir seinen letzten Brief mittheile. Ich bitte aber, zeige ihn keinem Dritten, besonders wegen seines Urtheils über Robert. Ich habe seinen »Paradiesvogel« noch nicht gelesen; kenne aber Tiecks gestiefelten Kater, mit welchem dasselbe mehr als nöthige Ähnlichkeit zu haben scheint. – Ist M. Beer in Berlin? ich habe nemlich einen Bagatellauftrag an ihn.

Wenn das, was ein gewisser Peters über mich in den Gesellschafter geschrieben, Dir im mindesten gefiel, so thut mir das sehr leid, und zwar um Deinetwillen. Es ist der fadeste und lächerlichste Kerl auf Gottes Erde, ein Esel mit Rosinensauce, den ich zu Lust und Ergötzen meiner Freunde zuweilen zum Narren habe. Nun ist es noch das Allerergötzlichste, daß dieser Kerl meine Werke beurtheilt, und zwar öffentlich, wie er oft drohte und wie ich ihm gern, sogar selbstbefördernd erlaubte, indem ich ihm auf sein Verlangen Gubitzen empfahl. Wirklich, man muß eine gute Dosis Ironiearsenik im Leib haben, um nicht über die Anmaßung und das dumm Hämische eines solchen Kerls unwillig zu werden und sich gern auf diese Weise am Publicum gerächt zu sehn. Letzteres ist unter aller Critik. –

Lebe wohl, ich schließe, weil das Papier zu Ende geht. Nächstens mehr und gewiß eine bessere Stimmung. Grüße mir gelegentlich den Criminalrath Hitzig, vielleicht hat er kürzlich durch Müller Grüße von mir erhalten.

Theurer Schwager!

Sie haben wirklich Ursache, sehr böse auf mich zu seyn, und ich weiß wirklich nicht, wie ich mein langes Stillschweigen entschuldigen soll. Das einzige, was ich vorbringen will, ist, daß ich weder aus Nachlässigkeit, noch aus Gleichgültigkeit nicht geschrieben. Ich denke beständig an meine Schwester, folglich auch an Allem, was mit ihr zusammenhängt, folglich auch an meinen Schwager. Aber ich liebe Euch zu sehr, als daß ich Euch eine Stunde verbittern sollte mit langen Schilderungen der peinlichen Situazionen eines kranken, mürrischen, von Gott und Welt geplagten Menschen. Euch leere Worte oder vielleicht gar Unwahrheiten zu schreiben, dazu seyd Ihr mir gewiß zu lieb. Möge mir daher der gute Schwager und seine kleine Frau mein langes Stillschweigen entschuldigen. Jetzt aber kann ich Euch schreiben, mit meiner Gesundheit geht es besser – es war sehr schlimm – und auch in meinem äußern Leben wird es lichter. Ich habe den ganzen verflossenen Winter anhaltend Jurisprudenz getrieben und war dadurch im Stande vorige Woche das juristische Doktorexamen zumachen, welches ich ganz vortrefflich bestand. Dieses ist im Betreff des Promovirens die Hauptsache, alles andre, z. B. das Disputiren ist leere Formel und kaum des Erwähnens werth. Ich bin also jetzt der Sache nach Doktor, und es macht keine ironische Wirkung mehr, wenn Sie mich in Ihren Briefen mit diesem Titel benennen. Ich werde indessen erst in 6 Wochen disputiren, denn erstens hat es keine Eil, da ich doch bis Michäly hierbleibe, zweytens will ich erst eine Dissertazion fertig schreiben.

Das ist die beste Nachricht, die ich Ihnen mittheilen kann – alles andre liegt noch im Trüben. Sie können es sich auch leicht erklären, warum ich Sie mit Nachrichten über meine äußere Lage, die, wie bey jedem, vom Oekonomischen bedingt ist, verschone. – Man mag mich immerhin der Narrheit und Unklugheit anklagen; aber ich weiß, ich denke und handle, wie es innerer Würde geziehmt. – Ich habe, lieber Moriz, meine bestimmte Jüry, über alles, was ich thue, – aber diese Jüry ist jetzt noch nicht zum Richter über mich versammelt. – Es werden schwerlich Kaufleute darunter seyn. —

Ich hoffe, daß dieser Brief Sie gesund und heiter antreffe. Da ich höre, daß Lottchen im Begriff ist, nach Lüneburg zu reisen, so will ich der lieben kleinen Frau dorthin schreiben. – Klein Marichen zu küssen. Wie neugierig bin ich, es zu sehen!

Ob ich mich in Hamburg fixiren werde? Das wissen die Götter, die den Hunger erschaffen. Ich werde mich dort nicht niederlassen, ohne auf ein paar Jahre mit Brod proviantirt zu seyn. Indessen von meiner Seite wird alles geschehen; getauft, als Dr. Juris, und hoffentlich auch gesund werde ich nächstens nach Hamburg kommen. – Ich würde Ihnen dieses nicht schreiben, wenn Sie es nicht zu wissen oftmals verlangt.

Leben Sie wohl, behalten Sie mich lieb, und seyn Sie überzeugt, daß ich vom ganzen Herzen bin

*Ihr ergebener Schwager*        *H. Heine.*

*Heinrich Heine*
*An Rudolf Christiani*
*26.5.1825*

Wenn es in der ganzen Christenheit irgend einen Menschen giebt, der Ursache hat, mit mir unzufrieden zu seyn,
so ist es der Doktor Christiany in Lüneburg. Was wollen
Sie mehr als dieses offne Geständniß? Nun schlagen Sie in
der Carolina\* nach und bestimmen Sie meine Strafe. Doch
diese wird nicht allzuhart ausfallen. Denn erstens weiß ich,
daß ich bey Ihnen noch in großer Gunst stehe, zweitens
wissen Sie, oder besser gesagt, Ihr Selbstbewußtseyn sagt
Ihnen, daß ich oft genug an Sie denken muß, daß Brief-
schreiben überhaupt so eine ganz eigene Sache ist, und
daß oft Halbfreunde oder sogar Scheinfreunde sich täglich schreiben und wahre Freunde nur selten; manchmal
sogar nie. Über letzteres ließe sich wohl eine große, höchst
schmerzliche Dissertazion schreiben.

(...)

Grüßen Sie mir Spitta, wenn er noch in Lüne ist. Er ist
ein Mensch, worin Poesie ist und ich achte ihn. Nur ist jetzt
die Frage: was wird aus ihm werden? Jedoch, ich bin der
Meinung, es steckt etwas mehr in ihm als ein auf der grünen Jünglingspfeife hingepipstes Frühlingsliedchen. Was
seinen naselosen Freund Peters betrifft:

\* *Carolina:* Peinliche Gerichtsordnung von Kaiser Karl V., 1532

so sollte ich Sie, lieber Christiany, recht ordentlich mysti-
fiziren; aber dazu sind Sie mir zu lieb. Ich will Ihnen daher
offen gestehen, daß dieses eins der amüsantesten Rindviehs
ist, die unsre Zeit vorgebracht hat. Ich hab ihn mir seitdem
gehalten zu meinem und meiner Freunde Vergnügen. Es ist
das wahre Bild des Esels, der die Laute schlägt, aber mit
welchem Selbstgefühl und welcher Anmaßung! Daß seine
Liedchen, obzwar nicht von starkem, dauerndem Werthe,
dennoch nicht ganz schlecht sind, giebt dem Spaße erst
seine rechte Würze. Da er anmaßend im höchsten Grade
ist, aufgeblasen von seinem Poetenwerth, ein Erzschwäch-
ling und dabey den polternd starken Demagogen spielend,
minnesam süßlich und dabey razionalistisch vernünftelnd,
ewig in Blüthen und Blumen lebend und dabey stinkend
wie der Pudel eines Courländers: so verdiente er, daß ich
ihn beständig mystifizirte, heute seine Gedichte lobte und
ihn entzückte, und morgen wieder den deutschen Patrioten
in ihm kränkte und seine abgetragene, eingeseichte Mora-
lität auf alle mögliche Weise zauste.

   Es war ein Götterspaß, als er vorigen Winter auf
meiner Kneipe, vor einem Dutzend meist unbekannter
Menschen, die ihn aber per renommée kannten, nur halb
aufgefordert, seine Gedichte vorlas und durch ausbrechen-

des Gelächter, Critik von der tollsten Sorte und noch tollere Anmerkungen, auf die tollste Weise verhöhnt wurde. Versteht sich, daß er dieses nicht merkte, zu sehr selbstvergnügt, wenn er vorlesen kann, und zu sehr von sich selbst eingenommen, wenn er überzeugt ist, daß er seinen eignen Kunstansichten entspricht; ja diese Eitelkeit geht so weit, daß er, wie er mir ernsthaft erzählte, im Traum bey Göthe war und das Vergnügen hatte, seine Gedichte von Göthe enthousiastisch gelobt zu hören. – Was er im Gesellschafter über mich geschrieben, hat mich sehr amüsirt, obzwar manche glauben, es müsse mich tief verletzen. Indessen, wenn ich die Wahrheit sagen soll, hat der Kerl dennoch Arschprügel verdient.

*Heinrich Heine*
*An Moses Moser*
*1.7.1825*

Ich bin in der größten Geldverlegenheit, und aus leicht durchschaulich politischen Gründen darf ich von meinem Oheim keine neue Gelder verlangen, bis ich ihm meine Doctorpromozion anzeigen kann. Hast Du Lust, mir in diesem Augenblick 10 Louisd'or zu leihen, lieber Moser, so erzeigtest Du mir einen höchst großen Freundschaftsdienst. Du kannst alsdann von den Geldern, die Du für mich aus Carlsruhe erhältst, und die fast doppelt so viel betragen, Dich binnen 2 bis 3 Monathen wieder remboursiren; welches mir zugleich höchst bequem ist. Außerdem bürge ich Dir mit meinem Ehrenworte bey dieser Anpumperey, und ich würde noch mehr dergl. hinzusetzen, wenn ich nicht wüßte, daß ich Dich verletze durch Mißtrauen in Deinem Vertrauen. Indessen, ich gestehe es, obgleich ich weiß, Du kennst Dich und mich zu gut, um nicht zu wissen, daß Du sicher gehst, wenn ich Dich anpumpe, und obgleich ich auch weiß, daß Du mir gern hülfreich bist, so würde ich doch lieber von jedem Andren borgen, wenn ich in diesem Augenblick weniger verstimmt, isolirt und bedrängt wäre. Aus letztem Grunde bäte ich Dich, mir die 10 Louisd'or so bald als möglich zu schicken, und die beste Gelegenheit scheint mir per Post in Tresorscheinen. –

Wenn ich meinem Oheim schreibe, werde ich mir auch Gelder für eine Badereise erbitten, und wird diese Bitte erfüllt, so komme ich früher nach Berlin, als ich dachte. –

*Heinrich Heine*
*An Moses Moser*
*22.7.1825*

Deinen Brief vom 5. dies. M(onaths) hätte ich längst beant-
wortet, wenn mich nicht meine Promozion, die, von einem
Tag zum andern sich herumziehend, erst vorgestern statt
fand, daran verhindert hätte. Aber auch heute kann ich
Dir bloß den Empfang der 10 Louisd'or melden und, wie
gesagt, die Nachricht der stattgefundenen Promozion. Ich
habe disputirt wie ein Kutschenpferd über die 4te und 5te
Thesis, Eid und Confarreatio. Es ging sehr gut, und der
Decan (Hugo) machte mir bei dieser feyerlichen Scene die
größten Elogen, indem er seine Bewunderung aussprach,
daß ein großer Dichter auch ein großer Jurist sey. Wenn
mich letztere Worte nicht mißtrauisch gegen dieses Lob
gemacht hätten, so würde ich mir nicht wenig drauf einbilden, daß man vom Katheder herab, in einer langen lateinischen Rede, mich mit Göthe verglichen und auch geäußert,
daß nach dem allgemeinen Urtheil meine Verse den Göthischen an die Seite zu setzen sind. Und dieses sagte der große
Hugo aus der Fülle seines Herzens, und privatim sagte er
noch viel schönes denselben Tag, als wir beide miteinander spazieren fuhren und ich von ihm auf ein Abendessen
gesetzt wurde. Ich finde also, daß Gans unrecht hat, wenn
er in gringschätzendem Tone von Hugo spricht. Hugo ist
einer der größten Männer unseres Jahrhunderts.
(...)
Beyliegend erhältst Du ein Paquet Thesen, wovon Du
ein Exemplar nach dem Hause von Varnhagen schickst.

(Kannst Du mir nicht sagen, ob derselbe verreist ist oder nicht?) Auch ein Exemplar schicke an den Criminalrath Hitzig, dessen lebhafte Theilnahme an meinen Schicksalen mich immer lebhaft erfreut. Grüße ihn auch. Die übrigen Exemplare vertheile an unsre Freunde und Bekannten.

## Gustav Hugo
### *Laudatio auf Heine*

Daß alle schönen Wissenschaften mit unserer Disziplin verbunden sind, wird niemand leugnen, wenn er nur davon überzeugt ist, daß zwischen allen Teilen des Geistes und allen edleren des Körpers eine sehr enge Verbindung besteht. Zur Wissenschaft von Recht und Unrecht gehört die Kenntnis der göttlichen und menschlichen Dinge, und niemals kann die Empfindung des Schönen und Wahren von den göttlichen und menschlichen Dingen getrennt werden. Man kann es infolgedessen kaum verstehen, wie es geschieht, daß die Neigung zur Poesie besonders dann leicht getadelt wird, wenn die Leute sehen oder es sich einbilden, daß ein und derselbe Mann sie mit unserer Wissenschaft verbindet. Als ob wirklich die römischen Rechtsgelehrten, deren wissenschaftliches Streben und deren Schriften uns unvergängliche Vorbilder sein müssen, Homer geringgeschätzt hätten, dessen Verse, wie wohlbekannt ist, zum Beispiel allein in den Institutionen dreimal zitiert werden. Als ob wirklich der große L'Hôpital, der Kurator der Universität Bourges, der Verteidiger des Cujas, der sich als Kanzler ganz Frankreichs unsterbliche Verdienste erwarb, es verschmäht hätte, selbst Verse zu machen, deren Handschrift durch einen erstaunlichen Glücksfall der Vernichtung entgangen ist. Als ob nicht schließlich wirklich unter unseren Landsleuten Wieland, Goethe, Sprickmann, die Brüder Stolberg, Bürger, Hoffmann und unzählige andere die Rechtswissenschaft mit der Poesie verbunden hätten.

Ein überaus erfreuliches Beispiel eben dieser Verbindung des völlig Ungleichen, wie man allgemein sagt, ist auch dieser hochgelehrte Kandidat, der sich heute vor Euch auf diesem Katheder eingefunden hat. So anziehende Gedichte hat er in unserer Muttersprache herausgegeben, daß nicht einmal Goethe sich ihrer schämen müßte. Wenn er das Urteil einer großen Autorität nicht öffentlich bekanntgemacht hat, so hat er es mir doch in einem vertrauten Gespräch mitgeteilt, das von jedem Verdacht des Ehrgeizes und der Augendienerei frei war. Er hat dennoch mehrere Jahre lang an der Bonner, unserer, der Berliner und noch einmal an unserer Universität so dem Rechtsstudium obgelegen, daß er, zum Examen zugelassen, ohne Zögern von unserer Fakultät für würdig erachtet wurde, sich auch dem Übrigen zu unterziehen, wodurch man zu den höchsten Ehren in unserer Wissenschaft gelangt.

*20.7.1825; aus dem Lateinischen von Franz Finke, JB68, S. 14f*

# V
# »Es ist eine eigene Sache
# um die Schriftstellerei«

*Über Kollegen*

*Heinrich Heine*
*Hinrich Kitzler*

Es ist eine eigne Sache um die Schriftstellerei. Der Eine hat
Glück in der Ausübung derselben, der Andre hat Unglück.
Das schlimmste Mißgeschick trifft vielleicht meinen armen
Freund Hinrich Kitzler, Magister Artium zu Göttingen.
Keiner dort ist so gelehrt, keiner so ideenreich, keiner so
fleißig wie dieser Freund, und dennoch ist bis auf dieser
Stunde noch kein Buch von ihm auf der Leipziger Messe
zum Vorschein gekommen. Der alte Stiefel auf der Bibliothek lächelte immer, wenn Hinrich Kitzler ihn um ein Buch
bat, dessen er sehr bedürftig sei für ein Werk, welches er
eben unter der Feder habe. Es wird noch lange unter der
Feder bleiben! murmelte dann der alte Stiefel, während er
die Bücherleiter hinaufstieg. Sogar die Köchinnen lächelten,
wenn sie auf der Bibliothek die Bücher abholten: »für den
Kitzler«. Der Mann galt allgemein für einen Esel, und im
Grunde war er nur ein ehrlicher Mann. Keiner kannte die
wahre Ursache warum nie ein Buch von ihm herauskam,
und nur durch Zufall entdeckte ich sie, als ich ihn einst um
Mitternacht besuchte, um mein Licht bei ihm anzuzünden;
denn er war mein Stubennachbar. Er hatte eben sein großes
Werk über die Vortrefflichkeit des Christentums vollendet;
aber er schien sich darob keineswegs zu freuen und betrachtete mit Wehmut sein Manuskript. Nun wird dein Name
doch endlich, sprach ich zu ihm, im Leipziger Meßkatalog
unter den fertig gewordenen Büchern prangen! Ach nein,
seufzte er aus tiefster Brust, auch dieses Werk werde ich ins
Feuer werfen müssen, wie die vorigen ... Und nun vertraute

er mir sein schreckliches Geheimnis. Den armen Magister traf wirklich das schlimmste Mißgeschick, jedesmal wenn er ein Buch schrieb. Nachdem er nämlich für das Thema, das er beweisen wollte, alle seine Gründe entwickelt, glaubte er sich verpflichtet die Einwürfe, die etwa ein Gegner anführen könnte, ebenfalls mitzuteilen; er ergrübelte alsdann vom entgegengesetzten Standpunkte aus die scharfsinnigsten Argumente, und indem diese unbewußt in seinem Gemüte Wurzel faßten, geschah es immer, daß, wenn das Buch fertig war, die Meinungen des armen Verfassers sich allmählig umgewandelt hatten, und eine dem Buche ganz entgegengesetzte Überzeugung in seinem Geiste erwachte. Er war alsdann auch ehrlich genug (wie ein französischer Schriftsteller ebenfalls handeln würde) den Lorbeer des literarischen Ruhmes auf dem Altare der Wahrheit zu opfern, d. h. sein Manuskript ins Feuer zu werfen. Darum seufzte er aus so tiefster Brust, als er die Vortrefflichkeit des Christentums bewiesen hatte. Da habe ich nun, sprach er traurig, zwanzig Körbe Kirchenväter exzerpiert; da habe ich nun ganze Nächte am Studiertische gehockt und Acta Sanctorum gelesen, während auf deiner Stube Punsch getrunken und der Landesvater gesungen wurde; da habe ich nun für theologische Novitäten, deren ich zu meinem Werke bedurfte, 38 sauer erworbene Taler an Vandenhoek et Ruprecht bezahlt, statt mir für das Geld einen Pfeifenkopf zu kaufen; da habe ich nun gearbeitet wie ein Hund seit zwei Jahren, zwei kostbaren Lebensjahren … und alles um mich lächerlich zu machen, um wie ein ertappter Prahler die Augen niederzuschlagen, wenn die Frau Kirchenrätin Planck mich fragt: wann wird Ihre Vortrefflichkeit des Christentums herauskommen? Ach! das Buch ist fertig, fuhr der arme Mann fort, und würde auch dem Publikum gefallen; denn ich habe den Sieg des Christentums über das Heidentum darin verherrlicht und ich habe bewiesen, daß dadurch auch die Wahrheit und die Vernunft über Heuchelei und Wahnsinn gesiegt. Aber, ich Unglückseligster, in tiefster Brust fühle ich daß — — —

Sprich nicht weiter! rief ich mit gerechter Entrüstung, wage nicht, Verblendeter, das Erhabene zu schwärzen und das Glänzende in den Staub zu ziehn! Wenn du auch die Wunder des Evangeliums leugnen möchtest, so kannst du doch nicht leugnen, daß der Sieg des Evangeliums selber ein Wunder war. Eine kleine Schar wehrloser Menschen drang in die große Römerwelt, trotzte ihren Schergen und Weisen, und triumphierte durch das bloße Wort. Aber welch ein Wort! Das morsche Heidentum erbebte und krachte bei dem Worte dieser fremden Männer und Frauen, die ein neues Himmelreich ankündigten und nichts fürchteten auf der alten Erde, nicht die Tatzen der wilden Tiere, nicht den Grimm der noch wilderen Menschen, nicht das Schwert, nicht die Flamme … denn sie selber waren Schwert und Flamme, Flamme und Schwert Gottes! Dieses Schwert hat das welke Laub und dürre Reisig abgeschlagen von dem Baume des Lebens und dadurch geheilt von der einfressenden Fäulnis; diese Flamme hat den erstarrten Stamm wieder von innen erwärmt, daß frisches Laub und duftige Blüten hervorsproßten … es ist die schauerlich erhabenste Erscheinung der Weltgeschichte dieses erste Auftreten des Christentums, sein Kampf und sein vollkommener Sieg.

Ich sprach diese Worte mit desto würdigerem Ausdruck, da ich an jenem Abend sehr viel Eimbecker Bier zu mir genommen hatte, und meine Stimme desto volltönender erscholl.

Hinrich Kitzler ließ sich aber dadurch keineswegs verblüffen, und mit einem ironisch schmerzlichen Lächeln sprach er: Bruderherz! gib dir keine überflüssige Mühe. Alles was du jetzt sagst, habe ich selber, in diesem Manuskripte, weit besser und weit gründlicher auseinandergesetzt. Hier habe ich den verworfenen Weltzustand zur Zeit des Heidentums aufs grellste ausgemalt, und ich darf mir schmeicheln, daß meine kühnen Pinselstriche an die Werke der besten Kirchenväter erinnern. Ich habe gezeigt, wie lasterhaft die Griechen und Römer geworden, durch das böse Beispiel jener Götter, welche, nach den Schandtaten die man ihnen nachsagte, kaum würdig gewesen wären für Menschen zu gelten. Ich habe unumwunden ausgesprochen, daß sogar Jupiter, der oberste der Götter, nach dem königlich hannövrischen Kriminalrechte, hundertmal das Zuchthaus, wo nicht gar den Galgen, verdient hätte. Dagegen habe ich die Moralsprüche, die im Evangelium vorkommen, gehörig paraphrasiert und gezeigt, wie, nach dem Muster ihres göttlichen Vorbilds, die ersten Christen, trotz der Verachtung und Verfolgung, welche sie dafür erduldeten, nur die schönste Sittenreinheit gelehrt und ausgeübt haben. Das ist die schönste Partie meines Werks, wo ich begeisterungsvoll schildere, wie das junge Christentum, der kleine David, mit dem alten Heidentum in die Schranken tritt und diesen großen Goliath tötet. Aber ach! dieser Zweikampf erscheint mir

seitdem in einem sonderbaren Lichte — — — Ach! alle
Lust und Liebe für meine Apologie versiegte mir in der
Brust, als ich mir lebhaft ausdachte, wie etwa ein Gegner
den Triumph des Evangeliums schildern könnte. Zu meinem Unglück fielen mir einige neuere Schriftsteller, z. B.
Edward Gibbon, in die Hände, die sich eben nicht besonders günstig über jenen Sieg aussprachen und nicht sehr
davon erbaut schienen, daß die Christen, wo das geistige
Schwert und die geistige Flamme nicht hinreichten, zu
dem weltlichen Schwert und der weltlichen Flamme ihre
Zuflucht nahmen. Ja, ich muß gestehen, daß mich endlich für die Reste des Heidentums, jene schönen Tempel
und Statuen, ein schauerliches Mitleid anwandelte; denn
sie gehörten nicht mehr der Religion, die schon lange,
lange vor Christi Geburt, tot war, sondern sie gehörten
der Kunst, die da ewig lebt. Es trat mir einst feucht in die
Augen, als ich zufällig auf der Bibliothek »Die Schutzrede
für die Tempel« las, worin der alte Grieche Libanius die
frommen Barbaren aufs schmerzlichste beschwor, jene teuren Meisterwerke zu schonen, womit der bildende Geist
der Hellenen die Welt verziert hatte. Aber vergebens! Jene
Denkmäler einer Frühlingsperiode der Menschheit, die
nie wiederkehren wird und die nur einmal hervorblühen
konnte, gingen unwiederbringlich zu Grunde, durch den
schwarzen Zerstörungseifer der Christen — — —

Nein, fuhr der Magister fort in seiner Rede, ich will
nicht nachträglich, durch Herausgabe dieses Buches, Teil
nehmen an solchem Frevel, nein, das will ich nimmermehr
... Und Euch, Ihr zerschlagenen Statuen der Schönheit,
Euch, Ihr Manen der toten Götter, Euch, die Ihr nur noch

liebliche Traumbilder seid im Schattenreiche der Poesie, Euch opfere ich dieses Buch!

Bei diesen Worten warf Hinrich Kitzler sein Manuskript in die Flammen des Kamines, und von der Vortrefflichkeit des Christentums blieb nichts übrig als graue Asche. –

Dieses geschah zu Göttingen im Winter 1820; einige Tage vor jener verhängnisvollen Neujahrsnacht, wo der Pedell Doris die fürchterlichsten Prügel bekommen und zwischen der Burschenschaft und den Landsmannschaften fünfundachtzig Duelle kontrahiert wurden. Es waren fürchterliche Prügel, die damals, wie ein hölzerner Platzregen, auf den breiten Rücken des armen Pedells herabfielen. Aber als guter Christ tröstete er sich mit der Überzeugung, daß wir dort oben im Himmel einst entschädigt werden für die Schmerzen, die wir unverdienterweise hienieden erduldet haben. Das ist nun lange her. Der alte Doris hat längst ausgeduldet und schlummert in seiner friedlichen Ruhestätte vor dem Weender Tore. Die zwei großen Parteien, die einst die Walplätze von Bovden, Ritschenkrug und Rasenmühle mit dem Schwertergeklirr ihrer Polemik erfüllten, haben längst, im Gefühl ihrer gemeinschaftlichen Nichtigkeit, aufs zärtlichste Brüderschaft getrunken; und auf den Schreiber dieser Blätter hat ebenfalls das Gesetz der Zeit seinen mächtigen Einfluß geübt. In meinem Hirne gaukeln minder heitere Farben als damals, und mein Herz ist schwerer geworden; wo ich einst lachte, weine ich jetzt, und ich verbrenne mit Unmut die Altarbilder meiner ehemaligen Andacht. *Elementargeister; B III, S. 679-684*

Heinrich Heine
*Über Goethe (I)*

Den Herbst machte ich eine Fußreise nach dem Harz, den
ich die Kreuz und Quer durchstreifte, besuchte den Brok-
ken, so wie auch Göthe auf meiner Rückreise über Weimar. Ich reiste nemlich über Eisleben, Halle, Jena, Weimar,
Erfurth, Gotha, Eisenach und Kassel hierher wieder zurück.
Viel Schönes habe ich auf dieser Reise gesehen, und unver-
geßlich bleiben mir die Thäler der Bode und Selke. Wenn
ich gut haushalte, kann ich mein ganzes Leben lang meine
Gedichte mit Harzbäumen ausstaffiren. –
   Über Göthes Aussehen erschrak ich bis in tiefster Seele,
das Gesicht gelb und mumienhaft, der zahnlose Mund in
ängstlicher Bewegung, die ganze Gestalt ein Bild menschli-
cher Hinfälligkeit. Vielleicht Folge seiner Letzten Krankheit.
Nur sein Auge war klar und glänzend. Dieses Auge ist die
einzige Merkwürdigkeit, die Weimar jetzt besitzt. Rührend
war mir Göthes tiefmenschliche Besorgniß wegen meiner
Gesundheit. Der seelige Wolf hatte ihm davon gesprochen.
In vielen Zügen erkannte ich den Göthe, dem das Leben,
die Verschönerung und Erhaltung desselben, so wie das
eigentlich praktische überhaupt, das Höchste ist. Da fühlte
ich erst ganz klar den Contrast dieser Natur mit der meinigen, welcher alles Praktische unerquicklich ist, die das
Leben im Grunde geringschätzt und es trotzig hingeben
möchte für die Idee. Das ist ja eben der Zwiespalt in mir,
daß meine Vernunft in beständigem Kampf steht mit meiner angeborenen Neigung zur Schwärmerey. Jetzt weiß ich
es auch ganz genau, warum die göthischen Schriften im

Grund meiner Seele mich immer abstießen, so sehr ich sie in poetischer Hinsicht verehrte und so sehr auch meine gewöhnliche Lebensansicht mit der göthischen Denkweise übereinstimmte. Ich liege also in wahrhaftem Kriege mit Göthe und seinen Schriften, so wie meine Lebensansichten in Krieg mit meinen angeborenen Neigungen und geheimen Gemüthsbewegungen. — Doch seyn Sie unbesorgt, guter Christiany, diese Kriege werden sich nie äußerlich zeigen, ich werde immer zum Göthischen Freykorps gehören, und was ich schreibe, wird aus der künstlerischen Besonnenheit und nie aus tollem Enthousiasmus entstehen.

> So bist du denn der ganzen Welt empfohlen
> Das uebrige brauch ich nicht zu wiederholen.

Es ist aber spaßhaft, wie ich immer und überall, und ging ich auch nach der Lüneburger Heide, zu Erzgöthianern komme. Zu diesen gehören auch Sartorius und seine Frau, vulgo geistreiches Wesen genannt, mit denen ich hier am meisten verkehre. Ich brachte ihnen Grüße von Göthe, und seitdem bin ich ihnen doppelt lieb. — Es giebt sogar unter den Studenten Göthianer. — *An Rudolf Christiani, 26.5.1825*

Heinrich Heine
*Über Goethe (II)*

Daß ich Dir von Göthe Nichts geschrieben, und wie ich ihn
in Weimar gesprochen, und wie er mir recht viel Freundliches und Herablassendes gesagt, daran hast Du Nichts
verloren. Er ist nur noch das Gebäude, worin einst Herrliches geblüht, und nur das war's, was mich an ihm interes-
sierte. Er hat ein wehmütiges Gefühl in mir erregt, und er
ist mir lieber geworden, seit ich ihn bemitleide. Im Grunde
aber sind Ich und Göthe zwey Naturen, die sich in ihrer
Heterogenität abstoßen müssen. Er ist von Haus aus ein
leichter Lebemensch, dem der Lebensgenuß das Höchste,
und der das Leben für und in der Idee wohl zuweilen fühlt
und ahnt und in Gedichten ausspricht, aber nie tief begriffen und noch weniger gelebt hat. Ich hingegen bin von
Haus aus ein Schwärmer, d.h. bis zur Aufopferung begei-
stert für die Idee und immer gedrängt, in dieselbe mich
zu versenken, dagegen aber habe ich den Lebensgenuß
begriffen und Gefallen daran gefunden, und nun ist in mir
der große Kampf zwischen meiner klaren Vernünftigkeit,
die den Lebensgenuß billigt und alle aufopfernde Begei-
strung als etwas Thörichtes ablehnt, und zwischen meiner
schwärmerischen Neigung, die oft unversehens aufschießt
und mich gewaltsam ergreift und mich vielleicht einst wieder in ihr uraltes Reich *hinabzieht*, wenn es nicht besser
ist zu sagen, *hinaufzieht*; denn es ist noch die große Frage,
ob der Schwärmer, der selbst sein Leben für die Idee hin-
giebt, nicht in einem Momente mehr und glücklicher lebt
als Herr von Göthe während seines ganzen 76jährigen ego-
istisch behaglichen Lebens.      *An Moses Moser, 1.7.1825*

*Heinrich Heine*
*Über Byron*

Der Todesfall Byrons hat mich übrigens sehr bewegt. Es war der einzige Mensch, mit dem ich mich verwandt fühlte, und wir mögen uns wohl in manchen Dingen geglichen haben; scherze nur darüber so viel Du willst. Ich las ihn selten seit einigen Jahren; man geht lieber um mit Menschen, deren Charakter von dem unsrigen verschieden ist. Ich bin aber mit Byron immer behaglich umgegangen wie mit einem völlig gleichen Spießkameraden. Mit Shakespear kann ich garnicht behaglich umgehen, ich fühle nur zu sehr, daß ich nicht seines Gleichen bin, er ist der allgewaltige Minister, und ich ein bloßer Hofrath, und es ist mir, als ob er mich jeden Augenblick absetzen könnte.

*An Moses Moser, 25.6.1824*

## Heinrich Heine
### Über den Göttinger Hainbund

Ja, wenn ich mir den Johann Heinrich Voß in seiner Polemik und in seinem ganzen Wesen betrachte, so ist mir als
sähe ich den alten einäugigen Odin selbst, der seine Asen-
burg verlassen, um Schulmeister zu werden zu Otterndorf
im Lande Hadeln, und der da den blonden Holsteinern
die lateinischen Deklinationen und den christlichen Kate-
chismus einstudiert, und der in seinen Nebenstunden die
griechischen Dichter ins Deutsche übersetzt, und von Thor
den Hammer borgt, um die Verse damit zurecht zu klop-
fen, und der endlich, des mühsamen Geschäftes überdrüs-
sig, den armen Fritz Stolberg mit dem Hammer auf den
Kopf schlägt.

Das war eine famose Geschichte. Friedrich, Graf von
Stolberg, war ein Dichter der alten Schule und außerordentlich berühmt in Deutschland, vielleicht minder durch seine
poetische Talente als durch den Grafentitel, der damals
in der deutschen Literatur viel mehr galt als jetzt. Aber
Fritz Stolberg war ein liberaler Mann, von edlem Herzen,
und er war ein Freund jener bürgerlichen Jünglinge, die in
Göttingen eine poetische Schule stifteten. Ich empfehle den
französischen Literaten, die Vorrede zu den Gedichten von
Hölty zu lesen, worin Johann Heinrich Voß das idyllische
Zusammenleben des Dichterbundes geschildert, wozu er
und Fritz Stolberg gehörten. Diese beiden waren endlich
allein übrig geblieben von jener jugendlichen Dichterschar.
Als nun Fritz Stolberg mit Eclat zur katholischen Kirche
überging und Vernunft und Freiheitsliebe abschwor, und

ein Beförderer des Obskurantismus wurde, und durch sein vornehmes Beispiel gar viele Schwächlinge nachlockte: da trat Johann Heinrich Voß, der alte siebzigjährige Mann, dem eben so alten Jugendfreunde öffentlich entgegen und schrieb das Büchlein: »Wie ward Fritz Stolberg ein Unfreier?«    *Die Romantische Schule. Erstes Buch. B III, S. 384 f.*

*Heinrich Heine*
*Über Gottfried August Bürger*

Seine Berühmtheit erlangte Herr A. W. Schlegel eigentlich nur durch die unerhörte Keckkeit, womit er die vorhandenen literarischen Autoritäten angriff. Er riß die Lorbeerkränze von den alten Perücken und erregte bei dieser Gelegenheit viel Puderstaub. Sein Ruhm ist eine natürliche Tochter des Skandals.

Wie ich schon mehrmals erwähnt, die Kritik, womit Herr Schlegel die vorhandenen Autoritäten angriff, beruhte durchaus auf keiner Philosophie. Nachdem wir von jenem Erstaunen, worin jede Vermessenheit uns versetzt, zurückgekommen, erkennen wir ganz und gar die innere Leerheit der sogenannten Schlegelschen Kritik. Z. B. wenn er den Dichter Bürger herabsetzen will, so vergleicht er dessen Balladen mit den altenglischen Balladen, die Percy gesammelt, und er zeigt wie diese viel einfacher, naiver, altertümlicher und folglich poetischer gedichtet seien. Hinlänglich begriffen hat Herr Schlegel den Geist der Vergangenheit, besonders des Mittelalters, und es gelingt ihm daher diesen Geist auch in den Kunstdenkmälern der Vergangenheit nachzuweisen, und ihre Schönheiten aus diesem Gesichtspunkte zu demonstrieren. Aber alles was Gegenwart ist, begreift er nicht; höchstens erlauscht er nur etwas von der Physiognomie, einige äußerliche Züge der Gegenwart, und das sind gewöhnlich die minder schönen Züge; indem er nicht den Geist begreift, der sie belebt, so sieht er in unserm ganz modernen Leben nur eine prosaische Fratze. Überhaupt, nur ein großer Dichter vermag die Poesie seiner eignen Zeit zu erkennen; die Poesie einer Vergangenheit offenbart sich uns weit leichter, und ihre Erkenntnis ist leichter mitzuteilen. Daher gelang es Herrn Schlegel beim großen Haufen die Dichtungen, worin die Vergangenheit eingesargt liegt, auf Kosten der Dichtungen, worin unsere moderne Gegenwart atmet und lebt, emporzupreisen. Aber der Tod ist nicht poetischer als das Leben. Die altenglischen Gedichte, die Percy gesammelt, geben den Geist ihrer Zeit, und Bürgers Gedichte geben den Geist der unsrigen. Diesen Geist begriff Herr Schlegel nicht; sonst würde er in dem Ungestüm, womit dieser Geist zuweilen aus den Bürgerschen Gedichten hervorbricht, keineswegs den rohen Schrei eines ungebildeten Magisters gehört haben, sondern vielmehr die gewaltigen Schmerzlaute eines Titanen, welchen eine Aristokratie von hannövrischen Junkern und Schulpedanten zu Tode quälten. Dieses war nämlich die Lage des Verfassers der »Leonore«\*, und die Lage so mancher anderen genialen Menschen, die als arme Dozenten in Göttingen darbten, verkümmerten, und in Elend starben. Wie konnte der vornehme, von vornehmen Gönnern beschützte, renovierte, baronisierte, bebänderte Ritter August Wilhelm von Schlegel jene Verse begreifen, worin Bürger laut ausruft: daß ein Ehrenmann, ehe er die Gnade der Großen erbettle, sich lieber aus der Welt heraushungern solle!

Der Name »Bürger« ist im Deutschen gleichbedeutend mit dem Worte citoyen.

*Die Romantische Schule. Zweites Buch. B III, S. 412 f.*

---

\* *Leonore:* »Lenore«, Ballade von Bürger.

Heinrich Heine
An Karl Immermann

Göttingen, den 24. Februar 1825.
Lieber Immermann!

Daß ich auf Ihren lieben Brief vom 12. October noch nicht geantwortet, ist unverzeihlich. Es ist aber auch unverzeihlich, daß ich bis jetzt noch immer mehr oder minder an meinem Kopf gelitten und halsstarrig meine Juristerey fortgetrieben. Was den Kopf betrifft, so bessert er sich täglich, und ich hoffe, nach einiger Zeit recht klar und gesund zu werden. Was die im besagten Kopfe einzupfropfende Jurisprudenz betrifft, so hoffe ich in einigen Monathen mit derselben fertig zu seyn. Eben deßhalb liege ich jetzt mehr als je darin versenkt, und war ich und bin ich jetzt noch nicht im Stande, Ihnen zu schreiben, so zu schreiben, wie ich es wohl wünschte. Und eben dieses anzudeuten, ist der Zweck dieses Briefes, der also eigentlich gar kein Brief ist. Ach, und doch möchte ich Ihnen so gern einen rechten Brief schreiben, so recht alles, was ich in der letzten Zeit über Sie gedacht und gefühlt, so recht viel.

Ich machte verflossenen Herbst eine Fußreise durch den Harz, und wenn ich da so eine von den Höhen erklommen, wo man den Magdeburger Thurm erkennen kann – dann blieb ich manchmal lange stehen und dachte an Immermann, und es war mir, als sähe ich Immermanns Genius hoch sich erhebend, viel höher als der Thurm. Vielleicht, in jenen Momenten, saßen Sie zu Hause am Schreibtische, gedichtesinnend. Als ich nach Göttingen zurückkam, fand ich Ihr »Auge der Liebe«. Ich las es mit dem Auge der Liebe. Zeit und Stimmung waren günstig zum vollen Genießen des Gedichtes. Wirklich, ich habe dasselbe mehr genossen, als kritisch betrachtet. Dennoch, um es nicht vorurtheilsvoll und blindlings zu verehren, habe ich es die strengstmögliche Probe bestehen lassen – nemlich gleich hernach las ich Shakespeares »Sommernachtstraum«. Und ich kann es bestimmt aussprechen: Ihr Gedicht hat nichts dadurch gelitten, d.h. sein Eindruck wurde nicht dadurch geschwächt. Von Vergleichung kann hier nicht die Rede seyn.

Das dritte Buch, das ich in dieser Folge las, war Graf Platens Lustspiele. Diese sind in Form und Gestaltung den Ihrigen sehr verwandt. Nur daß der Witz dem armen Platen trotz seines Danachhaschens durchaus abgeht, und daß die Poesie in ihm zwar echt, aber nicht reichlich fließt. Hingegen aus dem »Auge der Liebe« ergießen sich in freudiger Fülle die Blitzstrahlen des Witzes und die Wunderquellen der Poesie. Ich erwähnte Platens Buch nur, um Sie darauf aufmerksam zu machen.

Ihren »Neuen Pygmalion« habe ich ebenfalls gelesen. Ich möchte ungefähr dasselbe darüber aussprechen, was der tolle Engländer dem Goethe in Neapel auf der Treppe über den »Werther« gesagt hat, nemlich: »Das Buch gefällt mir nicht, aber ich begreife nicht, wie es möglich war, es zu schreiben.« Wirklich, diese Erzählung gefällt mir nicht, ich bin sogar ein Feind dieser Gattung, aber ich staune über Ihre meisterhafte Darstellung und noch mehr über Ihre vollendete Prosa.

Ich bin eigentlich kein Freund der Almanachsliteratur, und wenn ich in diesem Briefe nicht nöthig hätte, Sie noch besonders zu einer Almanachslieferung anzuregen, und wenn ich nicht selbst im Begriff wäre, etwas von meiner Feder für die »Rheinblüthen« zu liefern, so würde ich gegen alle Almanache ordentlich losziehen und Ihnen von aller Theilnahme an denselben abrathen. Doch die wunderschöne Madame Robert (die Schwester des Buchhändlers Braun in Carlsruhe, der die »Rheinblüthen« herausgiebt) interessirt sich sehr für diesen Almanach und mahnt mich daran, daß ich ihr Hoffnung gemacht, meines Freundes Immermanns Mitwirkung für diesen Almanach zu gewinnen. Ihr Mann (er ist der Bruder von Frau von Varnhagen) unterstützt diese Mahnung, es wird mir gezeigt, daß derselbe nur Auserlesenes enthalten soll, und ich wiederhole Ihnen die Frage, ob Sie einen Beytrag dazu geben wollen. Denselben müßten Sie aber bald an besagten Buchhändler Braun in Carlsruhe einsenden, der Sie übrigens gewiß ebenso gut wie jeder andere Redakteur honoriren wird. – Ich habe also hiermit meinen wiederholten Auftrag wiederholentlich ausgerichtet, kann mir also nicht vorwerfen, daß ich in Angelegenheilen meiner Freunde saumseelig sey, will mir aber auch nicht vorwerfen, daß ich meinen lieben Freund auf unbequeme Weise dränge, und ich bitte Sie daher bloß, mir umgehend zu schreiben, ob Sie etwas liefern wollen oder nicht. Dieses kostet Ihnen nur wenige Zeilen, und ich warte bis dahin mit meiner Berichtung an Roberts. Ich bitte Sie aber, lassen Sie mich nicht gar zu lange auf diese Antwort warten, ich will ja keinen Brief, bloß wenige Zeilen. Ich kann mir's wohl denken, theurer Immermann, daß Sie eben so schwer belastet sind als ich.

Aergerlich war's, daß ich die Hitzigsche Karte in meinen letzten Brief einzulegen vergaß, und – ich weiß nicht, wie es kommt – sie erst jetzt zu schicken. Wie ich höre, steht Hitzig an der Spitze vieler literarischer Umtriebe und hat einen Poetenverein in Berlin gestiftet. – Wenn ich gesund und frey werde, will ich gern theilnehmen an jedem literarischen Unternehmen, wozu Sie mich einladen. Indessen, es ist eine kritische Zeit für Zeitschriften. – Von dem Steinmannschen Journal habe ich nichts gesehen; er schrieb mir ebenfalls mehrmals, aber ich konnte nicht antworten.

Rousseau ist am Rhein thätig, auf seine gewöhnliche Weise. – Wie heißt doch der Poet in dem Lustspiele »Künstlers Erdenwallen«, von J[ulius] von Voß?

Bis July bleibe ich bestimmt hier. Dann wende ich mich entweder nach Berlin oder nach Hamburg. Wie gesagt, mit meiner Gesundheit bessert es sich, und ich hoffe, nächstens manches Gute schreiben zu können. Doch mit dem Herausgeben werde ich immer saumseelig und ängstlich seyn. –

Leben Sie wohl, guter Immermann; seyn Sie überzeugt, daß ich Sie liebe, und daß ich Sie unaussprechlich ehre.

# VI
# »Ich werde konsiliert«
## *Ein Zwischenfall*

Der Weltlauf ists: den Würdgen sieht man hudeln,
Der Ernste wird bespöttelt und vexiert,
Der Mutge wird verfolgt von Schnurren, Pudeln,
Und Ich sogar – ich werde konsiliert.

Göttingen, den 29. Januar 1821

*B I, S. 263*

*Vor dem Göttinger Universitätsgericht*
*4. – 8.12.1820*

Göttingen in der Deputation d[en] 4t[en] Dec[ember] 1820

*Gegenwärtig Herr Prorector Hofrath Tychsen,*
        *Cons. Rath Pott,*
        *Prof. Bergmann*
        *Hofrath Ossiander*
        *Geh. Hofrath Eichhorn*
        *Syndicus Oesterley*

Da zur Anzeige gekommen, daß die Studirenden Heine und Wiebel sich veruneinigt gehabt, u[nd] Ersterer die Absicht habe, Letztern auf Pistolen zu fordern, so sind Beyde vorgeladen worden. Zuerst erschien u[nd] gab auf Befragen zu vernehmen:

*Studiosus Heine.*
Er heiße Heinrich Heine u[nd] sey aus Düsseldorf. Er esse des Mittags in Michaelis Hause mit mehreren andern Studenten. Da sey nun einmal ein Streit darüber gewesen, ob eine Verbindung von Studenten die andere in Verruf erklären dürfe. Er sey dagegen gewesen, u[nd] habe gesagt, sonst entstehe Schweinerey, wie man in Heidelberg gesehen habe. Er habe damit sagen wollen, daraus entstehe ein unwürdiges Betragen, namentlich der s[o]g[enannte] Holzkomment. Nun sey Wiebel aufgetreten u[nd] habe gesagt: Das ist Schweinerey, was Sie da sagen. Comparent habe

erwiedert, es sey gut, u[nd] habe sich nach Wiebels Namen erkundigt, darauf einen unbekannten Studenten zu Wiebel geschickt u[nd] ihn fodern lassen, u[nd] zwar auf Pistolen, weil die Beleidigung nicht die gewöhnliche z. B. ein dummer Junge, gewesen sey. Wiebel habe die Herausfoderung angenommen, u[nd] Comparent Münden als den Ort des Duells bestimmt. Das Duell sey aber nicht vollzogen worden, weil es bekannt geworden sey u[nd] sie Beyde Stubenarrest bekommen hätten.

Auf Vorhalt, Comparent habe sich bey Sr. Magnificenz mit Wiebel versöhnt, u[nd] Wiebel habe versprochen, die Beleidigung bey Tische, wo sie geschehen sey, zurückzunehmen, wobey Comparent gebeten, Wiebel möge hinzusetzen, er habe das in der Hitze gesagt, erwiederte Comparent: Wiebel habe den folgenden Tag bey Tische ungefähr so gesagt: Die Beleidigung, die ich gegen Heine ausgestoßen, habe ich versprechen müssen, zurückzunehmen. Comparent habe nun gleich erwiedert, damit könne er nicht zufrieden seyn, Wiebel möge nur noch hinzusetzen: *in Hitze* oder *in Leidenschaft*. Wiebel habe gesagt, das thue er nicht, u[nd] Comparent habe erwiedert: es ist gut.

Aufs Neue habe Comparent Wiebel nicht wieder gefodert, auch Niemand zu demselben geschickt. Er habe zwar die Absicht gehabt, es aber nicht gethan.

Vorgel[esen] genehm[igt] u[nd] entl[assen].

Heine wird wieder hereingerufen u[nd] gab auf ferneres Befragen zu Protocoll:

Er habe deshalb von Sr. Magnificenz Abnahme der Matrikel gewünscht, weil er die Beleidigung nicht auf sich sitzen lassen könne, u[nd] die academische Strafe der

Relegation nachträglich eingefügt: cum infamia habe vermeiden wollen.

Den Tag, an welchem die Beleidigung vorgefallen, könne
er nicht mehr genau angeben. Den, der ihm die Nachricht von
Wiebel gebracht, dieser wolle das Pistolenduell annehmen,
kenne er zwar, er könne ihn aber nicht angeben.

Vorgel[esen] genehm[igt] u[nd] entl[assen].

*Studiosus Wiebel*
ward hereingerufen u[nd] gab auf Befragen zu vernehmen:

Er heiße Wilhelm Wiebel u[nd] sey aus Eutin. Am vorigen Mittwoch oder Donnerstag habe Heine in Michaelis
Hause bey Tische von einer in Heidelberg vor 1 ½ Jahren
vorgefallenen VerrufsErklärung gesagt, das sey eine
Schweinerey gewesen. Heine habe nicht gesagt, das komme
auf Schweinerey heraus. Comparent sey nun damals auch in
Heidelberg gewesen, u[nd] daher interessire es ihn, er habe
also Heine das verwiesen, u[nd] ihm gesagt, er möge davon
schweigen, er kenne ja die Sache nicht. Heine habe aber
fortgefahren u[nd] sich auf Briefe, die er von Heidelberg
habe, berufen, u[nd] darauf habe Comparent gesagt, dann
müsse er die Briefe vorzeigen, aber er, Heine, selbst könne
darüber nicht urtheilen. Heine habe aber nicht aufge-
hört, u[nd] Comparent glaube, derselbe habe das Wort
Schweinerey wiederholt. Comparent habe Heine'n aber
nicht ausreden lassen, sondern sey in Hitze gekommen
u[nd] habe gesagt, das sey Schweinerey von ihm, Heine,
wenn er dergleichen sage. Heine habe gesagt, das sey gut.
Nachher habe Heine Comparenten, ehe sie aus einander
gegangen seyen, in Person gefodert. Auf Vorhalt gestand

Comparent, Heine habe ihn durch einen unbekannten Studenten den folgenden Tag fodern lassen u[nd] zwar auf gewöhnliche Waffen, nicht auf Pistolen. Auf Vorhalt und Zureden, die Wahrheit zu sagen, blieb Comparent dabey, er sey nicht auf Pistolen gefodert worden. Comparent habe dem Überbringer erwiedert, er könne jetzt noch nichts darüber bestimmen, u[nd] so habe er auch noch gar keine Zeit u[nd] keinen Ort des Duells bestimmt gehabt. Er sey nun zum H[errn] Prorector gerufen worden, u[nd] habe dort die Beleidigung zurückgenommen, u[nd] auf Heine's Bitte dies bey Tische wiederholt. Ungefähr die Worte habe er bey Tische gesagt: Die Anwesenden hätten gehört, daß er Heine vor einigen Tagen beleidigt gehabt, er sehe sich nun veranlaßt, öffentlich zu erklären, daß er diesen Morgen die Beleidigung vor d[em] H[errn] Prorector zurückgenommen habe. Heine sey damit nicht zufrieden gewesen, sondern habe gesagt, Comparent habe auch versprochen, zu erklären, daß er *in Hitze* ihn beleidigt gehabt. Comparent habe erwiedert, dies habe er nicht versprochen u[nd] werde es auch nicht thun. Auf Vorhalt, Comparent habe beym H[errn] Prorector versprochen, den Ausdruck »in Hitze« zu dem Widerrufe hinzuzusetzen, erwiederte derselbe, er sey es seiner Ehre schuldig gewesen, diesen Zusatz nicht hinzuzusetzen, denn darin würde gelegen haben, er bereue die Beleidigung, u[nd] das sey nicht der Fall.

Seitdem habe er von Heine nichts weiter erfahren, u[nd] er sehe die Sache als beendigt an. Auf Vorhalt, Comparent habe die Sache ja deshalb nicht für beendigt ansehen können, weil Heine mit der Erklärung nicht zufrieden gewesen sey, erwiederte derselbe, deshalb werde

Heine aber keine Satisfaction fodern können, denn der eigentliche Widerruf sey ja vor d[em] H[errn] Prorector geschehen u[nd] nur auf Heine's Bitte habe er ihn am Tische wiederholt.

Vorgel[esen] genehm[igt] u[nd] entl[assen].

Wiebel ward wieder hereingerufen, u[nd] gefragt, ob er eidlich erhärten könne, 1, er sey nicht auf Pistolen gefodert worden, worauf er erwiederte, er sey auf Pistolen gefodert worden. 2, ob er nicht Zeit und Ort des Duells bestimmt habe, worauf er erwiederte, er habe die Gegend Münden zum Duellorte bestimmt gehabt, u[nd] dies durch Graf Ranzau Heine'n sagen lassen. 3, daß er den nicht kenne, durch den er gefodert worden, könne er eidlich erhärten.

Vorgel[esen] genehm[igt] u[nd] entl[assen].

Heine ward vorgelassen u[nd] gefragt: ob er eidlich erhärten könne, den nicht zu kennen, durch den er Wiebel fodern lassen, worauf er erwiederte, eidlich könne er dieß nicht erhärten, u[nd] er bitte, da er sonst in Allem die Wahrheit gesagt, daß ihm die Angabe dieses erlassen werde. Auf Zureden gestand er, Fallender heiße derselbe.

Vorgel[esen] genehm[igt] u[nd] entl[assen].

Heine ward wieder hereingerufen u[nd] gefragt, ob er zufrieden sey, wenn Wiebel hier vor der Deputation erkläre, er habe ihn in Hitze beleidigt, worauf er erwiederte: Ja, dann sey er zufrieden.

Entl[assen].

Wiebel hereingerufen und befragt, erwiederte, er erkläre hiermit, daß er in Hitze den beleidigenden Ausdruck bey Tische gebraucht habe.

Heine ward vorgelassen, Wiebel erklärte nun aber, daß

er *öffentlich bey Tische* den Ausdruck gebraucht, habe er in Hitze gesagt, den Ausdruck selbst habe er aber nicht in Hitze gesagt, sondern absichtlich gewählt, weil Heine früher denselben Ausdruck gebraucht habe, u[nd] er könne daher nicht erklären, daß er in Hitze jenen Ausdruck gebraucht habe.

Heine ward entlassen. Wiebel blieb auf wiederholtes Zureden bei seinem Vorsatz, das könne er nicht erklären. Das versichere er aber auf Ehre, daß er durch jenen Ausdruck kein Pistolenduell veranlassen wollte, u[nd] er werde auch, weil er seine Schuldigkeit gethan, und widerrufen habe, keine Herausfoderung von Heine annehmen. Entl[assen].

Beyde wurden wieder vorgelassen, u[nd] ihnen bey geschärfter Relegation alle Thätlichkeiten gegen einander untersagt, u[nd] ihnen eröffnet, daß die Sache weiter untersucht werden solle.

Entl[assen]

Riedel.

*Fortgesetzt im Univ. Gericht den 6ten December*

Gegenwärtig H[err] Prorector Hofrath Tychsen, H[err] Rath Willich, u[nd] H[err] Synd. Oesterley.

Praevia citatione erschien u[nd] wurde vernommen wie folgt:

*Stud. Vallender.*

Er heiße Johann Adam Vallender u[nd] sey aus Rheinpreußen. Er habe die Provocation auf Pistolen an Wiebel überbracht.

Vorgel[esen] genehm[igt] u[nd] entl[assen].

Riedel.

*Fortgesetzt ibid. den 7t[en] De[cember]*
Gegenwärtig dieselben.

Nach vorgängiger Ladung erschien *der Graf Ranzau* u[nd] gab auf Befragen zu vernehmen:

Er heiße Ernst Graf v. Ranzau u[nd] sey aus Holstein.

Bei der Beleidigung sey er nicht zugegen gewesen. Wiebel habe sie ihm nur erzählt, u[nd] ihn zum Secundiren bei diesem Pistolenduell gebeten. Wiebel habe sich nun aber zu jedem, ihm von dem Gerichte zu bestimmenden Widerrufe bereit erklärt, u[nd] Heine im Gegentheil habe erklärt, er sey nun auch mit dem bloßen Widerrufe ohne den Zusatz: in Hitze, zufrieden.

Vorgel[esen] genehm[igt] u[nd] entl[assen].

Riedel.

*Fortgesetzt d[en] 8t[en]Dec[ember]*
Gegenwärtig dieselben.

Nach vorgängiger Ladung erschienen
*die Studiosi Heine und Wiebel.*

Letzterer erklärte, er habe die Beleidigung in Hitze ausgesprochen. Ersterer war damit zufrieden, und Beyde erklärten sich für versöhnt. Beyden wurde bey geschärfter Relegation das Duell mit einander untersagt.

Vorgel[esen] genehm[igt] u[nd] entl[assen].

Riedel.

Am 23sten Jan. 1821 im U[niversitäts]G[ericht] ist dem stud. Heine die ihm zuerkannte Strafe des cons[ilium] ab[eundi] auf 1/2 Jahr bekannt gemacht worden. Derselbe entschuldigte sich mit Kränklichkeit, weshalb er jetzt nicht

fort könne. Ihm ist aufgegeben, ein ärztliches Zeugniß bey-
zubringen.

*Universitätsarchiv Göttingen, zitiert nach Werner I, S. 44-48)*

Staune! staune! staune! – ich habe hier das Consilium
abeundi erhalten!

Ich habe wegen allerley Mißhelligkeiten schon seit
drey Monath in beständiger Unruhe gelebt, ward von
manchem fatalen Pech heimgesucht und wurde endlich
vorige Woche
                wegen Übertretung der Duellgesetze
auf ein halb Jahr consiliirt. Nur unter dem Vorwand, daß
ich zu krank sey, das Zimmer zu verlassen, hat man mir's
erlaubt, noch einige Tage hier zu bleiben. An ▼ — — —
kannst Du diese Nachricht zeigen, aber du mußt ihm erst
das Wort abnehmen, daß er sie nicht weiter plappert. Denn
die dortigen Düsseldorfer würden es erfahren und nach
Hause schreiben; dadurch erführe es auch meine Familie, welches ich vermeiden will. Du kannst Dir jetzt meine
Verdrießlichkeit wohl vorstellen; sehnsüchtig Spieße von
Haus erwartend, Papiere aufräumend, gezwungen, das
Zimmer zu hüten, so sitze ich schon den ganzen Morgen
und schrieb so eben jemand ins Stammbuch:

> Selig dämmernd, sonder Harm,
> Liegt der Mensch in Freundes Arm;
> Da kommt plötzlich wie's Verhängniß
> Des Consiliums Bedrängniß,
> Und weit fort von seinen Lieben,
> Muß der Mensch sich weiter schieben.

Aber wohin soll ich mich schieben? Nach Bonn gehe ich, Verhältnisse halber, auf keinen Fall zurück. Ich erwarte, daß man mir von Haus die Universität bestimmen wird, wohin ich mich begeben soll. Wahrscheinlich wird es Berlin seyn. Ich werde Euch dieses näher anzeigen.

Mit Vergnügen sehe ich, daß Du Dir die Schuhe mit eisernen Nägeln beschlagen hast, um besser den Helikon* zu erklimmen. Ich habe mit herzlichem Wohlbehagen Deine übersandten dramatischen Proben gelesen und abermals gelesen. Doch daß Du mein Urtheil über dieselben verlangst, setzt mich in Verlegenheit.

Ich kenne zu gut die Menschen im allgemeinen, um nicht zu wissen, daß man nur Lob erwartet, wenn man auch um die eigentliche Meinung, um die strengste Beurtheilung allerdemüthigst bittet; daß man doch im Herzen letztere ungerecht ansieht, wenn sie tadelnd oder ganz zermalmend ausfällt, und daß, wenn man auch den ehrlichen Beurtheiler deswegen just nicht hassen wird, man ihn doch deßhalb nicht noch desto mehr lieben wird; denn die Menschen sind die eitelsten unter den Creaturen, und die Poeten sind die eitelsten unter allen Menschen. Wer die Eitelkeit eines Poeten beleidigt, begeht daher ein doppeltes Majestätsverbrechen.

Das ist aber mein Wahnsinn, und das macht mich eben allgemein verhaßt, daß ich jene Erfahrung kenne und doch nicht anwende. Aber ich sehe Dir an, guter Steinmann, Du hast mich beim Rock erfaßt und bestehst drauf, daß ich mich über Deine Dramen aussprechen soll. Ich will es

* *Helikon*: Ein Gebirge in Böotien. Der Helikon war dem Apollon und den Musen geweiht.

mit wenigen Worten, aber vorher will ich, da Du es doch dringend verlangst, über meine eigene Tragödie* sprechen. Ich habe mit aller Kraftanstrengung daran gearbeitet, kein Herzblut und keinen Gehirnschweiß dabey geschont, habe bis auf einen halben Akt das Ganze fertig, und zu meinem Entsetzen finde ich, daß dieses von mir selbst angestaunte und vergötterte Prachtwerk nicht allein keine gute Tragödie ist, sondern gar nicht mahl den Namen einer Tragödie verdient. — Ja — entzückend schöne Stellen und Szenen sind drin; Originalität schaut überall draus hervor, überall funkeln überraschend poetische Bilder und Gedanken, so daß das ganze gleichsam in einem zauberhaften Diamantschleier blitzt und leuchtet. So spricht der eitle Autor, der Enthousiast für Poesie. Aber der strenge Kritiker, der unerbittliche Dramaturg trägt eine ganz anders geschliffene Brille, schüttelt den Kopf und erklärt das Ganze für – eine schöne Drahtfigur. *Eine Tragödie muß drastisch seyn* – murmelt er, und das ist das Todesurtheil der meinigen. — Hab ich kein dramatisches Talent? Leicht möglich. Oder haben die französischen Tragödien, die ich sonst sehr bewundert habe, unbewußt ihren alten Einfluß ausgeübt? Dies letztere ist etwas wahrscheinlicher. Denke Dir, in meiner Tragödie sind alle drey Einheiten höchst gewissenhaft beachtet, fast nur vier Personen hört man immer sprechen, und der Dialog ist fast so preciös, geglättet und gerändet wie in der »Phèdre«** oder in der »Zaire«***. Du wunderst Dich? Das Räthsel ist leicht gelöst: ich habe versucht, auch im Drama romantischen Geist mit streng pla-

---

* *Tragödie:* »Almansor«
** *»Phèdre«:* von Racine
*** *»Zaire«:* von Voltaire

stischer Form zu verbinden. Deßhalb wird meine Tragödie ein gleiches Schicksal haben mit Schlegels »Jon«. Nemlich weil letzterer ebenfalls in polemischer Absicht geschrieben ist.

Nach Deinen Probescenen zu urtheilen, glaube ich nicht, daß Deine Dramen diesen Fehler haben werden. (Von der Überschrift »dramatisches Gedicht« nehme ich keine Notiz; so etwas besticht mich nicht). Wenigstens wirst Du wirkliche Tragödien hervorgebracht haben. Doch ob auch gute? »Das ist die Frage« – sagt der Kronprinz von Dänemark*. Ich zweifle. Vielleicht liegt's an den vierfüßigen Trochäen, die mir überall unausstehlich sind in einem Drama. Vielleicht aus Vorurtheil, nur den fünffüßigen Jambus lasse ich dort gelten. Doch dürfen diese nicht reimen; höchstens in ganz lyrischen Stellen, wie z. B. das Gespräch von Romeo und Julie, durchaus nicht in ruhig gehaltenen Exposizionsscenen, wie in Deiner »Anna von Cleve«. Der Anfang von letzterer gefällt mir ganz unbändig. In metrischer Hinsicht finde ich die Jamben weit besser, als ich Dir zugetraut. Verbanne nur das holprige Trochäengesindel mit ihren Flickwortskrücken, wie z. B. das oft eingeflickte Wörtchen »hold«, dem ich, wie Du weißt, durchaus nicht hold bin. Die poetischen Bilder in jenen zwey Proben sehen aus wie Pharaos magere Kühe. Was mich am meisten bey Dir wundert, ist, daß alles den Charakter der Flüchtigkeit trägt. Arbeite die »Anna von Cleve« fertig. Ich glaube, Du könntest sie auf die Bühne bringen, wenn Du Anspielungen auf den Proceß der jetzigen Königin von England** einwebtest. Studire jenen Prozeß.

* *Kronprinz von Dänemark:* Hamlet
** *Königin von England:* Caroline von Braunschweig-Wolfenbüttel, Gattin von König Georg IV.

Aber überhaupt sey streng gegen Dich selbst. Dieses ist bey jungen Dichtern nicht genug zu empfehlen. Lieblich singt der persische Goethe, der herrliche Saadi:

Streng sey gegen dich selbst. Beschneide die üppigen Reben;

Desto fröhlicher wächst ihnen die Traube dereinst.

Aber besonnene Strenge gegen sich selbst ist ganz etwas anderes als das unbesonnene Gedicht-Autodafé eines wahrscheinlich Besoffenen. Indessen, ich kenne zu gut das Gemüth des Dichters, um nicht zu wissen, daß ein Poet sich weit eher die Nase abschneidet, als daß er seine Gedichte verbrennt. Letzteres ist nur ein stehender Ausdruck für Beyseitelegen. Nur eine Medea kann ihre Kinder umbringen. Und müssen nicht Geisteskinder uns viel theurer seyn als Leibeskinder, da letztere oft ohne sonderliche Mühe in einer einzigen Nacht gemacht werden, zu ersteren aber ungeheure Anstrengung und viel Zeit angewendet wurde?

(...)

Nun muß ich endlich doch in den sauren Apfel beißen und Dir sagen, wie es mit meinen Gedichten steht. Du thust mir unrecht, wenn Du glaubst, daß ich an der Verzögerung der Herausgabe schuld bin. Ich habe dieselben von Brockhaus zurückerhalten mit der äußerst zierlichen und höflichsten Antwort: daß er gar zu sehr in diesem Augenblicke mit Verlagsartikeln überladen sey. Ich will jetzt sehen, daß ich sie irgend anders unterbringe. Es ist dem großen Goethe eben so gegangen mit seinem ersten

---

* Mit dem »Poeten« ist Johann Baptist Rousseau gemeint, ein Freund aus Bonn. Die »Fußreise nach dem Harz« fand bekanntlich erst 1824 statt.

Produkt. Frage mahl den »Poeten«\*, ob er Rath weiß? Meine Tragödie werde ich trotz ihrer Mängel dennoch drucken lassen. Lebe wohl!

H. Heine,
Stud. Juris.

Ich werde wahrscheinlich übermorgen abreisen. Nicht nach Berlin. Ich will eine Fußreise nach dem Harz machen. Du und der Poet, Ihr könnt mir daher nicht eher schreiben, bis ich Euch nochmals geschrieben habe. Dies soll in vier Wochen geschehen.

# VII
# »Auf die Berge will ich steigen«
*Die Harzreise*

Heinrich Heine
*An Moses Moser*
*25.10.1824*

Aber, um Gottes willen! Ich vergesse Dir zu erzählen, daß ich
vor 6 Wochen eine große Reise machte, erst vor 14 Tagen
zurückkam und folglich 4 Wochen unterwegens war. Sie
war mir sehr heilsam, und ich fühle mich durch diese
Reise sehr gestärkt. Ich habe zu Fuß und meistens allein
den ganzen Harz durchwandert, über schöne Berge, durch
schöne Wälder und Thäler bin ich gekommen und habe
wieder mahl frey geathmet. Ueber Eisleben, Halle, Jena,
Weimar, Ehrfurt, Gotha, Eisenach und Kassel bin ich wieder zurückgereist, ebenfalls immer zu Fuß. Ich habe viel
Herrliches und Liebes erlebt, und wenn nicht die Jurisprudenz gespenstisch mit mir gewandert wäre, so hätte
ich wohl die Welt sehr schön gefunden. Auch die Sorgen
krochen mir nach.

(...)

Es sind mir indessen weit auffallendere Geschichten der
Art passirt. Das ergötzlichste darunter ist, wie ich auf dem
Harz einen Theologen gefunden, der meine Tragödien mit
sich schleppte, um sie, während der schönen Reisemuße zu
seinem Vergnügen – zu widerlegen. Täglich passiren mir
ähnliche Possen, die manchmal mich sehr flattiren, manchmal auch sehr demüthigen. Auf der Reise und auch hier
merkte ich, daß meine kleine Gedichte sich auf eine son-
derbar heimliche Art verbreiten. – »Indessen, man wird Sie
nicht lieben«, sagte der große Sartorius.

(...)

Ich war in Weimar; es giebt dort auch guten Gänse-
braten. Auch war ich in Halle, Jena, Ehrfurt, Gotha,
Eisenach und in Cassel. Große Touren, immer zu Fuß,
und bloß mit meinem schlechten braunen abgeschabten
Ueberrock. Das Bier in Weimar ist wirklich gut, mündlich mehr darüber.

*Heinrich Heine*
*Die Harzreise (Auszug)*

Die Stadt Göttingen, berühmt durch ihre Würste und Universität, gehört dem Könige von Hannover und enthält 999 Feuerstellen, diverse Kirchen, eine Entbindungsanstalt, eine Sternwarte, einen Karzer, eine Bibliothek und einen Ratskeller, wo das Bier sehr gut ist. Der vorbeifließende Bach heißt »die Leine« und dient des Sommers zum Baden; das Wasser ist sehr kalt und an einigen Orten so breit, daß Lüder wirklich einen großen Anlauf nehmen mußte, als er hinüber sprang. Die Stadt selbst ist schön, und gefällt einem am besten, wenn man sie mit dem Rükken ansieht. Sie muß schon sehr lange stehen; denn ich erinnere mich, als ich vor fünf Jahren dort immatrikuliert und bald darauf konsiliiert wurde, hatte sie schon dasselbe graue, altkluge Ansehen, und war schon vollständig eingerichtet mit Schnurren, Pudeln, Dissertationen, Teedansants, Wäscherinnen, Kompendien, Taubenbraten, Guelfenorden, Promotionskutschen, Pfeifenköpfen, Hofräten, Justizräten, Relegationsräten, Profaxen* und anderen Faxen. Einige behaupten sogar, die Stadt sei zur Zeit der Völkerwanderung erbaut worden, jeder deutsche Stamm habe damals ein ungebundenes Exemplar seiner Mitglieder darin zurückgelassen, und davon stammten all die Vandalen, Friesen, Schwaben, Teutonen, Sachsen, Thüringer usw., die noch heut zu Tage in Göttingen, horden-

---

* *Profaxen:* Schnurren, Pudeln, Profaxen: Studentenjargon für Nachtwächter, Pedelle, Professoren.

weis, und geschieden durch Farben der Mützen und der Pfeifenquäste, über die Weenderstraße einherziehen, auf den blutigen Walstätten der Rasenmühle, des Ritschenkrugs und Bovdens sich ewig unter einander herumschlagen, in Sitten und Gebräuchen noch immer wie zur Zeit der Völkerwanderung dahinleben, und teils durch ihre Duces, welche Haupthähne heißen, teils durch ihr uraltes Gesetzbuch, welches Comment heißt und in den legibus barbarorum eine Stelle verdient, regiert werden.

Im allgemeinen werden die Bewohner Göttingens eingeteilt in Studenten, Professoren, Philister und Vieh; welche vier Stände doch nichts weniger als streng geschieden sind. Der Viehstand ist der bedeutendste. Die Namen aller Studenten und aller ordentlichen und unordentlichen Professoren hier herzuzählen, wäre zu weitläuftig; auch sind mir in diesem Augenblick nicht alle Studentennamen im Gedächtnisse, und unter den Professoren sind manche, die noch gar keinen Namen haben. Die Zahl der Göttinger Philister muß sehr groß sein, wie Sand, oder besser gesagt, wie Kot am Meer; wahrlich, wenn ich sie des Morgens, mit ihren schmutzigen Gesichtern und weißen Rechnungen, vor den Pforten des akademischen Gerichtes aufgepflanzt sah, so mochte ich kaum begreifen, wie Gott nur so viel Lumpenpack erschaffen konnte.

Ausführlicheres über die Stadt Göttingen läßt sich sehr bequem nachlesen in der Topographie derselben von K.F.H. Marx* . Obzwar ich gegen den Verfasser, der

---

* *K.F.H. Marx:* Verfasser des Buches »Göttingen in medizinischer, physischer und historischer Hinsicht« [1824]

mein Arzt war und mir viel Liebes erzeigte, die heiligsten Verpflichtungen hege, so kann ich doch sein Werk nicht unbedingt empfehlen, und ich muß tadeln, daß er jener falschen Meinung, als hätten die Göttingerinnen allzugroße Füße, nicht streng genug widerspricht. Ja, ich habe mich sogar seit Jahr und Tag mit einer ernsten Widerlegung dieser Meinung beschäftigt, ich habe deshalb vergleichende Anatomie gehört, die seltensten Werke auf der Bibliothek exzerpiert, auf der Weenderstraße stundenlang die Füße der vorübergehenden Damen studiert, und in der grundgelehrten Abhandlung, so die Resultate dieser Studien enthalten wird, spreche ich 1° von den Füßen überhaupt, 2° von den Füßen bei den Alten, 3° von den Füßen der Elefanten, 4° von den Füßen der Göttingerinnen, 5° stelle ich alles zusammen, was über diese Füße auf Ullrichs Garten schon gesagt worden, 6° betrachte ich diese Füße in ihrem Zusammenhang und verbreite mich bei dieser Gelegenheit auch über Waden, Knie usw., und endlich 7°, wenn ich nur so großes Papier auftreiben kann, füge ich noch hinzu einige Kupfertafeln, mit dem Faksimile göttingischer Damenfüße.

Es war noch sehr früh, als ich Göttingen verließ, und der gelehrte ** lag gewiß noch im Bette und träumte wie gewöhnlich: er wandle in einem schönen Garten, auf dessen Beeten lauter weiße, mit Zitaten beschriebene Papierchen wachsen, die im Sonnenlichte lieblich glänzen, und von denen er hier und da mehrere pflückt, und müh-

---

* *der gelehrte* **: unklar; gemeint ist entweder Professor Blumenbach oder Professor Eichhorn [siehe DHA 6, S. 592 und 593]

sam in ein neues Beet verpflanzt, während die Nachtigallen mit ihren süßesten Tönen sein altes Herz erfreuen.

Vor dem Weender Tore begegneten mir zwei eingeborne kleine Schulknaben; wovon der eine zum andern sagte: »Mit dem Theodor will ich gar nicht mehr umgehen, er ist ein Lumpenkerl, denn gestern wußte er nicht mal, wie der Genitiv von Mensa heißt.« So unbedeutend diese Worte klingen, so muß ich sie doch wieder erzählen, ja, ich möchte sie als Stadt-Motto gleich auf das Tor schreiben lassen; denn die Jungen piepsen, wie die Alten pfeifen, und jene Worte bezeichnen ganz den engen, trocknen Notizenstolz der hochgelahrten Georgia Augusta.

Auf der Chaussee wehte frische Morgenluft, und die Vögel sangen gar freudig, und auch mir wurde allmählig wieder frisch und freudig zu Mute. Eine solche Erquickung tat Not. Ich war die letzte Zeit nicht aus dem Pandektenstall herausgekommen, römische Kasuisten hatten mir den Geist wie mit einem grauen Spinnweb überzogen, mein Herz war wie eingeklemmt zwischen den eisernen Paragraphen selbstsüchtiger Rechtssysteme, beständig klang es mir noch in den Ohren wie »Tribonian, Justinian, Hermogenian* und Dummerjahn«, und ein zärtliches Liebespaar, das unter einem Baum saß, hielt ich gar für eine Corpusjuris-Ausgabe mit verschlungenen Händen. Auf der Landstraße fing es an, lebendig zu werden. Milchmädchen zogen vorüber; auch Eseltreiber mit ihren grauen Zöglingen. Hinter Weende begegneten mir der Schäfer und Doris. Dieses ist nicht das idyllische Paar, wovon Geßner

* *Tribonian, Justinian, Hermogenian:* Römische Juristen

158

singt, sondern es sind wohlbestallte Universitätspedelle, die wachsam aufpassen müssen, daß sich keine Studenten in Bovden duellieren, und daß keine neue Ideen, die noch immer einige Dezennien vor Göttingen Quarantäne halten müssen, von einem spekulierenden Privatdozenten eingeschmuggelt werden. Schäfer grüßte mich sehr kollegialisch; denn er ist ebenfalls Schriftsteller, und hat meiner in seinen halbjährigen Schriften oft erwähnt; wie er mich denn auch außerdem oft zitiert hat, und, wenn er mich nicht zu Hause fand, immer so gütig war, die Zitation mit Kreide auf meine Stubentür zu schreiben. Dann und wann rollte auch ein Einspänner vorüber, wohlbepackt mit Studenten, die für die Ferienzeit, oder auch für immer wegreisten. In solch einer Universitätsstadt ist ein beständiges Kommen und Abgehen, alle drei Jahre findet man dort eine neue Studentengeneration, das ist ein ewiger Menschenstrom, wo eine Semesterwelle die andere fortdrängt, und nur die alten Professoren bleiben stehen in dieser allgemeinen Bewegung, unerschütterlich fest, gleich den Pyramiden Ägyptens – nur daß in diesen Universitätspyramiden keine Weisheit verborgen ist.

Aus den Myrtenlauben bei Rauschenwasser sah ich zwei hoffnungsvolle Jünglinge hervorreiten. Ein Weibsbild, das dort sein horizontales Handwerk treibt, gab ihnen bis auf die Landstraße das Geleit, klätschelte mit geübter Hand die mageren Schenkel der Pferde, lachte laut auf, als der eine Reuter ihr hinten, auf die breite Spontaneität einige Galanterien mit der Peitsche überlangte, und schob sich alsdann gen Bovden. Die Jünglinge aber jagten nach Nörten, und johlten gar geistreich, und sangen gar lieb-

lich das Rossinische Lied: »Trink Bier, liebe, liebe Liese!«*
Diese Töne hörte ich noch lange in der Ferne; doch die holden Sänger selbst verlor ich bald völlig aus dem Gesichte,
sintemal sie ihre Pferde, die im Grunde einen deutsch
langsamen Charakter zu haben schienen, gar entsetzlich anspornten und vorwärtspeitschten. Nirgends wird
die Pferdeschinderei stärker getrieben als in Göttingen,
und oft, wenn ich sah, wie solch eine schweißtriefende,
lahme Kracke, für das bißchen Lebensfutter, von unsern
Rauschenwasserrittern abgequält ward, oder wohl gar
einen ganzen Wagen voll Studenten fortziehen mußte, so
dachte ich auch: »O du armes Tier, gewiß haben deine
Voreltern im Paradiese verbotenen Hafer gefressen!«

Im Wirtshause zu Nörten traf ich die beiden Jünglinge
wieder. Der eine verzehrte einen Heringsalat, und der
andere unterhielt sich mit der gelbledernen Magd, Fusia
Canina, auch Trittvogel genannt. Er sagte ihr einige
Anständigkeiten, und am Ende wurden sie Hand-gemein.
Um meinen Ranzen zu erleichtern, nahm ich die einge-
packten blauen Hosen, die in geschichtlicher Hinsicht sehr
merkwürdig sind, wieder heraus und schenkte sie dem
kleinen Kellner, den man Kolibri nennt. Die Bussenia, die
alte Wirtin, brachte mir unterdessen ein Butterbrot, und
beklagte sich, daß ich sie jetzt so selten besuche; denn sie
liebt mich sehr.

Hinter Nörten stand die Sonne hoch und glänzend am
Himmel. Sie meinte es recht ehrlich mit mir und erwärmte

---

* *das Rossinische Lied: »Trink Bier, liebe, liebe Liese!«:* Verballhornung
eines deutschen Volkslieds, das natürlich nicht von dem italienischen
Komponisten stammt.

mein Haupt, daß alle unreife Gedanken darin zur Vollreife kamen. Die liebe Wirtshaussonne in Nordheim ist auch nicht zu verachten; ich kehrte hier ein, und fand das Mittagessen schon fertig. Alle Gerichte waren schmackhaft zubereitet, und wollten mir besser behagen als die abgeschmackten akademischen Gerichte, die salzlosen, ledernen Stockfische mit ihrem alten Kohl, die mir in Göttingen vorgesetzt wurden.

Nachdem ich meinen Magen etwas beschwichtigt hatte, bemerkte ich in derselben Wirtsstube einen Herrn mit zwei Damen, die im Begriff waren abzureisen. Dieser Herr war ganz grün gekleidet, trug sogar eine grüne Brille, die auf seine rote Kupfernase einen Schein wie Grünspan warf, und sah aus wie der König Nebukadnezar in seinen spätern Jahren ausgesehen hat, als er, der Sage nach, gleich einem Tiere des Waldes, nichts als Salat aß. Der Grüne wünschte, daß ich ihm ein Hotel in Göttingen empfehlen möchte, und ich riet ihm, dort von dem ersten besten Studenten das Hotel de Brühbach zu erfragen. Die eine Dame war die Frau Gemahlin, eine gar große, weitläufige Dame, ein rotes Quadratmeilen-Gesicht mit Grübchen in den Wangen, die wie Spucknäpfe für Liebesgötter aussahen, ein langfleischig herabhängendes Unterkinn, das eine schlechte Fortsetzung des Gesichtes zu sein schien, und ein hochaufgestapelter Busen, der mit steifen Spitzen und vielzackig festonierten Krägen, wie mit Türmchen und Bastionen umbaut war. Die andere Dame, die Frau Schwester, bildete ganz den Gegensatz der eben beschriebenen. Stammte jene von Pharaos fetten Kühen, so stammte diese von den magern. Das Gesicht nur ein Mund zwischen zwei Ohren, die Brust trostlos öde, wie die Lüneburger Heide; die ganze ausgekochte Gestalt glich einem Freitisch für arme Theologen. Beide Damen fragten mich zu gleicher Zeit: ob im Hotel de Brühbach auch ordentliche Leute logierten. Ich bejahte es mit gutem Gewissen, und als das holde Kleeblatt abfuhr, grüßte ich nochmals zum Fenster hinaus. Der Sonnenwirt lächelte gar schlau und mochte wohl wissen, daß der Karzer von den Studenten in Göttingen Hotel de Brühbach genannt wird.

Hinter Nordheim wird es schon gebirgig und hier und da treten schöne Anhöhen hervor. Auf dem Wege traf ich meistens Krämer, die nach der Braunschweiger Messe zogen, auch einen Schwarm Frauenzimmer, deren jede ein großes, fast häuserhohes, mit weißem Leinen überzogenes Behältnis auf dem Rücken trug. Darin saßen allerlei eingefangene Singvögel, die beständig piepsten und zwitscherten, während ihre Trägerinnen lustig dahinhüpften und schwatzten. Mir kam es gar närrisch vor, wie so ein Vogel den andern zu Markte trägt.

In pechdunkler Nacht kam ich an zu Osterode. Es fehlte mir der Appetit zum Essen und ich legte mich gleich zu Bette. Ich war müde wie ein Hund und schlief wie ein Gott. Im Traume kam ich wieder nach Göttingen zurück, und zwar nach der dortigen Bibliothek. Ich stand in einer Ecke des juristischen Saals, durchstöberte alte Dissertationen, vertiefte mich im Lesen, und als ich aufhörte, bemerkte ich zu meiner Verwunderung, daß es Nacht war, und herabhängende Kristall-Leuchter den Saal erhellten. Die nahe Kirchenglocke schlug eben zwölf, die Saaltüre öffnete sich langsam, und herein trat eine stolze, gigantische Frau, ehrfurchtsvoll begleitet von den Mitgliedern und Anhängern der juristischen Fakultät. Das Riesenweib, obgleich schon bejahrt, trug dennoch im Antlitz die Züge einer strengen Schönheit, jeder ihrer Blicke verriet die hohe Titanin, die gewaltige Themis. Schwert und Waage hielt sie nachlässig zusammen in der einen Hand, in der andern hielt sie eine Pergamentrolle, zwei junge Doctores juris trugen die Schleppe ihres grau verblichenen Gewandes; an ihrer rechten Seite sprang windig hin und her der dünne Hofrat Rusticus, der Lykurg Hannovers, und deklamierte aus seinem neuen Gesetzentwurf; an ihrer linken Seite humpelte, gar galant und wohlgelaunt, ihr Cavaliere servente, der geheime Justizrat Cujacius*, und riß beständig juristische Witze, und lachte selbst darüber so herzlich, daß sogar die ernste Göttin sich mehrmals lächelnd zu ihm herabbeugte, mit der großen Pergamentrolle ihm auf die Schulter klopfte, und freundlich flüsterte: »Kleiner, loser Schalk, der die Bäume von oben herab beschneidet!« Jeder von den übrigen Herren trat jetzt ebenfalls näher und hatte etwas hin zu bemerken und hin zu lächeln, etwa ein neu ergrübeltes Systemchen, oder Hypotheschen, oder ähnliches Mißgebürtchen des eigenen Köpfchens. Durch die geöffnete Saaltüre traten auch noch mehrere fremde Herren herein, die sich als die andern großen Männer des illustren Ordens kund gaben, meistens eckige, lauernde Gesellen, die mit breiter Selbstzufriedenheit gleich drauf los definierten und distinguierten und über jedes Titelchen eines Pandektentitels disputierten. Und immer kamen noch

---

*der geheime Justizrat Cujacius:* Rusticus, Cujacius: die Göttinger Professoren Bauer und Hugo.

neue Gestalten herein, alte Rechtsgelehrten, in verschollenen Trachten, mit weißen Allongeperücken und längst vergessenen Gesichtern, und sehr erstaunt, daß man sie, die Hochberühmten des verflossenen Jahrhunderts, nicht sonderlich regardierte; und diese stimmten nun ein, auf ihre Weise, in das allgemeine Schwatzen und Schrillen und Schreien, das, wie Meeresbrandung, immer verwirrter und lauter, die hohe Göttin umrauschte, bis diese die Geduld verlor, und in einem Tone des entsetzlichsten Riesenschmerzes plötzlich aufschrie: »Schweig! schweigt! ich höre die Stimme des teuren Prometheus, die höhnende Kraft und die stumme Gewalt schmieden den Schuldlosen an den Marterfelsen, und all Euer Geschwätz und Gezänke kann nicht seine Wunden kühlen und seine Fesseln zerbrechen!« So rief die Göttin, und Tränenbäche stürzten aus ihren Augen, die ganze Versammlung heulte wie von Todesangst ergriffen, die Decke des Saales krachte, die Bücher taumelten herab von ihren Brettern, vergebens trat der alte Münchhausen aus seinem Rahmen hervor, um Ruhe zu gebieten, es tobte und kreischte immer wilder, – und fort aus diesem drängenden Tollhauslärm rettete ich mich in den historischen Saal, nach jener Gnadenstelle, wo die heiligen Bilder des belvederischen Apolls und der mediceischen Venus* neben einander stehen, und ich stürzte zu den Füßen der Schönheitsgöttin, in ihrem Anblick vergaß ich all das wüste Treiben, dem ich entronnen, meine Augen

* *die heiligen Bilder des belvederischen Apolls und der mediceischen Venus:* Im historischen Saal der Universitätsbibliothek standen zu Heines Studentenzeit Gipsabgüsse der Venus und des Apoll, die sich jetzt im Archäologischen Institut befinden. [DHA 6, S. 598]

tranken entzückt das Ebenmaß und die ewige Lieblichkeit ihres hochgebenedeiten Leibes, griechische Ruhe zog durch meine Seele, und über mein Haupt, wie himmlischen Segen, goß seine süßesten Lyraklänge Phöbus Apollo.

Erwachend hörte ich noch immer ein freundliches Klingen. Die Herden zogen auf die Weide und es läuteten ihre Glöckchen. Die liebe, goldene Sonne schien durch das Fenster und beleuchtete die Schildereien an den Wänden des Zimmer.

(...)

Nachdem ich Kaffee getrunken, mich angezogen, die Inschriften auf den Fensterscheiben gelesen, und alles im Wirtshause berichtigt hatte, verließ ich Osterode.

[*Es liegen noch viele andre Burgruinen in dieser Gegend. Der Hardenberg bei Nörten ist die schönste. Wenn man auch, wie es sich gebührt, das Herz auf der linken Seite hat, auf der liberalen, so kann man sich doch nicht aller elegischen Gefühle erwehren, beim Anblick der Felsenne-ster jener privilegierten Raubvögel, die auf ihre schwäch-liche Nachbrut bloß den starken Appetit vererbten. Und so ging es auch mir diesen Morgen. Mein Gemüt war, je mehr ich mich von Göttingen entfernte, allmählig aufge-taut, wieder wie sonst wurde mir romantisch zu Sinn, und wandernd dichtete ich folgendes Lied:

* Die in eckige Klammern gesetzten Passagen entstammen der ersten Fassung der »Harzreise« (RUB, S. 15f.)

Steiget auf, Ihr alten Träume!
Öffne dich, du Herzenstor!
Liederwonne, Wehmutstränen
Strömen wunderbar hervor.

Durch die Tannen will ich schweifen,
Wo die muntre Quelle springt,
Wo die stolzen Hirsche wandeln,
Wo die liebe Drossel singt.

Auf die Berge will ich steigen,
Auf die schroffen Felsenhöhn,
Wo die grauen Schloßruinen
In dem Morgenlichte stehn.

Dorten setz ich still mich nieder
Und gedenke alter Zeit,
Alter blühender Geschlechter
Und versunkner Herrlichkeit.

Gras bedeckt jetzt den Turnierplatz,
Wo gekämpft der stolze Mann,
Der die Besten überwunden
Und des Kampfes Preis gewann.

Efeu rankt an dem Balkone,
Wo die schöne Dame stand,
Die den stolzen Überwinder
Mit den Augen überwand.

Ach! den Sieger und die Siegrin
Hat besiegt des Todes Hand –
Jener dürre Sensenritter
Streckt uns Alle in den Sand! ]

Nachdem ich eine Strecke gewandert, traf ich zusammen mit einem reisenden Handwerksburschen, der von
Braunschweig kam und mir als ein dortiges Gerücht
erzählte: der junge Herzog sei auf dem Wege nach dem
gelobten Lande von den Türken gefangen worden, und
könne nur gegen ein großes Lösegeld frei kommen. Die
große Reise des Herzogs mag diese Sage veranlaßt haben.
Das Volk hat noch immer den traditionell fabelhaften Ide-
engang, der sich so lieblich ausspricht in seinem »Herzog
Ernst«*. Der Erzähler jener Neuigkeit war ein Schneidergesell, ein niedlicher, kleiner junger Mensch, so dünn, daß
die Sterne durchschimmern konnten, wie durch Ossians
Nebelgeister, und im Ganzen eine volkstümlich barocke
Mischung von Laune und Wehmut. Dieses äußerte sich
besonders in der drollig rührenden Weise, womit er das
wunderbare Volkslied sang: »Ein Käfer auf dem Zaune
saß; summ, summ!« Das ist schön bei uns Deutschen; keiner ist so verrückt, daß er nicht einen noch Verrückte-
ren fände, der ihn versteht. Nur ein Deutscher kann jenes
Lied nachempfinden, und sich dabei totlachen und totwei-
nen. Wie tief das Goethesche Wort ins Leben des Volks
gedrungen, bemerkte ich auch hier. Mein dünner Wegge-
nosse trillerte ebenfalls zuweilen vor sich hin: »Leidvoll

* »Herzog Ernst«: Volksbuch von Herzog Ernst von Schwaben [gest. 1030].

167

und freudvoll, Gedanken sind frei!« Solche Korruption des Textes ist beim Volke etwas Gewöhnliches. Er sang auch ein Lied, wo »Lottchen bei dem Grabe ihres Werthers« trauert. Der Schneider zerfloß vor Sentimentalität bei den Worten: »Einsam wein ich an der Rosenstelle, wo uns oft der späte Mond belauscht! Jammernd irr ich an der Silberquelle, die uns lieblich Wonne zugerauscht.« Aber bald darauf ging er in Mutwillen über, und erzählte mir: »Wir haben einen Preußen in der Herberge zu Kassel, der eben solche Lieder selbst macht; er kann keinen seligen Stich nähen; hat er einen Groschen in der Tasche, so hat er für zwei Groschen Durst, und wenn er im Tran ist, hält er den Himmel für ein blaues Kamisol, und weint wie eine Dachtraufe, und singt ein Lied mit der doppelten Poesie!« Von letzterem Ausdruck wünschte ich eine Erklärung, aber mein Schneiderlein, mit seinen Ziegenhainer Beinchen*, hüpfte hin und her und rief beständig: »Die doppelte Poesie ist die doppelte Poesie!« Endlich brachte ich es heraus, daß er doppelt gereimte Gedichte, namentlich Stanzen, im Sinne hatte. – Unterdes, durch die große Bewegung und durch den konträren Wind, war der Ritter von der Nadel sehr müde geworden. Er machte freilich noch einige große Anstalten zum Gehen und bramarbasierte: »Jetzt will ich den Weg zwischen die Beine nehmen!« Doch bald klagte er, daß er sich Blasen unter die Füße gegangen, und die Welt viel zu weitläuftig sei; und endlich, bei einem Baumstamme, ließ er sich sachte niedersinken, bewegte sein zartes Häuptlein wie ein betrübtes Lämmerschwänzchen, und

* *Ziegenhainer Beinchen:* Ziegenhainer: Wanderstöcke aus Ziegenhain

wehmütig lächelnd rief er: »Da bin ich armes Schindluder-
chen schon wieder marode!«

(...)

In der »Krone« zu Klausthal hielt ich Mittag. Ich
bekam frühlingsgrüne Petersiliensuppe, veilchenblauen
Kohl, einen Kalbsbraten, groß wie der Chimborasso
in Miniatur, so wie auch eine Art geräucherter Heringe,
die Bückinge heißen, nach dem Namen ihres Erfinders,
Wilhelm Bücking, der 1447 gestorben, und um jener
Erfindung willen von Karl V. so verehrt wurde, daß derselbe anno 1556 von Middelburg nach Bievlied in Seeland
reiste, bloß um dort das Grab dieses großen Mannes zu
sehen. Wie herrlich schmeckt doch solch ein Gericht, wenn
man die historischen Notizen dazu weiß und es selbst ver-
zehrt! Nur der Kaffee nach Tische wurde mir verleidet,
indem sich ein junger Mensch diskursierend zu mir setzte
und so entsetzlich schwadronierte, daß die Milch auf dem
Tische sauer wurde. Es war ein junger Handlungsbeflissener
mit fünfundzwanzig bunten Westen und eben so viel goldenen Petschaften, Ringen, Brustnadeln usw. Er sah aus
wie ein Affe, der eine rote Jacke angezogen hat und nun zu
sich selber sagt: Kleider machen Leute. Eine ganze Menge
Charaden wußte er auswendig, so wie auch Anekdoten,
die er immer da anbrachte, wo sie am wenigsten paßten.
Er fragte mich, was es in Göttingen Neues gäbe, und ich
erzählte ihm: daß vor meiner Abreise von dort ein Dekret
des akademischen Senats erschienen, worin bei drei Taler
Strafe verboten wird, den Hunden die Schwänze abzu-
schneiden, indem die tollen Hunde in den Hundstagen
die Schwänze zwischen den Beinen tragen, und man sie

dadurch von den Nichttollen unterscheidet, was doch nicht geschehen könnte, wenn sie gar keine Schwänze haben.

[In diesen philosophischen Betrachtungen und Privatgefühlen überraschte mich der Besuch des Hofrat B., der kurz vorher ebenfalls nach Goslar gekommen war. Zu keiner Stunde hätte ich die wohlwollende Gemütlichkeit dieses Mannes tiefer empfinden können. Ich verehre ihn wegen seines ausgezeichneten, erfolgreichen Scharfsinns; noch mehr aber wegen seiner Bescheidenheit. Ich fand ihn ungemein heiter, frisch und rüstig. Daß er letzteres ist, bewies er jüngst durch sein neues Werk: »Die Religion der Vernunft«, ein Buch, das die Rationalisten so sehr entzückt, die Mystiker ärgert, und das große Publikum in Bewegung setzt. Ich selbst bin zwar in diesem Augenblick ein Mystiker, meiner Gesundheit wegen, indem ich, nach der Vorschrift meines Arztes, alle Anreizungen zum Denken vermeiden soll. Doch verkenne ich nicht den unschätzbaren Wert der rationalistischen Bemühungen eines Paulus, Gurlitt, Krug, Eichhorn, Bouterwek, Wegscheider, usw. Zufällig ist es mir selbst höchst ersprießlich, daß diese Leute so manches verjährte Übel forträumen, besonders den alten Kirchenschutt, worunter so viele Schlangen und böse Dünste. Die Luft wird in Deutschland zu dick und auch zu heiß, und oft fürchte ich zu ersticken, oder von meinen geliebten Mitmystikern, in ihrer Liebeshitze, erwürgt zu werden. Drum will ich auch den guten Rationalisten nichts weniger als böse sein, wenn sie die Luft etwas gar zu sehr verdünnen und etwas gar zu sehr abkühlen. Im Grunde hat ja die Natur selbst dem Rationalismus seine Grenzen gesteckt;

unter der Luftpumpe und am Nordpol kann der Mensch es nicht aushalten.] *(RUB, S. 34f.)*

Die »Harzreise« ist und bleibt Fragment, und die bunten Fäden, die so hübsch hineingesponnen sind, um sich im Ganzen harmonisch zu verschlingen, werden plötzlich, wie von der Schere der unerbittlichen Parze, abgeschnitten. Vielleicht verwebe ich sie weiter in künftigen Liedern, und was jetzt kärglich verschwiegen ist, wird alsdann vollauf gesagt. Am Ende kommt es auch auf eins heraus, wann und wo man etwas ausgesprochen hat, wenn man es nur überhaupt einmal ausspricht. Mögen die einzelnen Werke immerhin Fragmente bleiben, wenn sie nur in ihrer Vereinigung ein Ganzes bilden. Durch solche Vereinigung mag hier und da das Mangelhafte ergänzt, das Schroffe ausgeglichen und das Allzuherbe gemildert werden. Dieses würde vielleicht schon bei den ersten Blättern der »Harzreise« der Fall sein, und sie könnten wohl einen minder sauern Eindruck hervorbringen, wenn man anderweitig erführe, daß der Unmut, den ich gegen Göttingen im allgemeinen hege, obschon er noch größer ist, als ich ihn ausgesprochen, doch lange nicht so groß ist wie die Verehrung, die ich für einige Individuen dort empfinde. Und warum sollte ich es verschweigen, ich meine hier ganz besonders jenen viel teueren Mann, der schon in frühern Zeiten sich so freundlich meiner annahm, mir schon damals eine innige Liebe für das Studium der Geschichte einflößte, mich späterhin in dem Eifer für dasselbe bestärkte, und dadurch meinen Geist auf ruhigere Bahnen führte, meinem Lebensmute heilsamere Richtungen anwies, und mir überhaupt jene historischen Tröstungen bereitete, ohne welche ich die qualvollen Erscheinungen des Tages nimmermehr ertragen würde. Ich spreche von Georg Sartorius, dem großen Geschichtsforscher und Menschen, dessen Auge ein klarer Stern ist in unserer dunkeln Zeit, und dessen gastliches Herz offen steht für alle fremde Leiden und Freuden, für die Besorgnisse des Bettlers und des Königs, und für die letzten Seufzer untergehender Völker und ihrer Götter. —

*Heinrich Heine*
*An Ludwig Robert*
*4.3.1825*

Ich will nur erwähnen, daß ich wegen meines Kopfübels, das jetzt erst allmählig verschwindet, seit einem Jahre wenig Bedeutendes schreiben konnte. Ich schrieb bloß an einer Art »Wahrheit und Dichtung«\*, die nur in sehr späteren Zeiten erscheinen darf, und an meinem »Rabbi«, der noch nicht zur Hälfte fertig und ebenfalls nicht für jetzige Mittheilung geeignet ist. Das Hübscheste, was ich unterdessen schrieb, ist die Beschreibung einer Harzreise, die ich vorigen Herbst gemacht, eine Mischung von Naturschilderung, Witz, Poesie und Washington Irvingscher Beobachtung. Eine Novelle\*\*, die ich für die »Rheinblüthen« angefangen – liegt halb fertig, und wird auch wohl nicht fertig werden. Denn in meiner Jurisprudenz stecke ich jetzt mehr als je, da ich nächsten Monath damit fertig werden will und mich daher jetzt bloß mit meinem Corp. jur. beschäftigen muß.

Kann ich also die Novelle, wie ich voraussehe, nicht fertig bekommen, so schicke ich Ihnen in fünf Wochen meine »Harzreise«, die etwa drey bis dreyeinhalb Druckbogen der »Rheinblüthen« beträgt, und wovon ich überzeugt bin, daß Sie sie eben so gern lesen werden, wie ich sie ungern schicke. Nemlich diese neue Disposizion vereitelt mir manche wichtige Absicht und macht es nöthig, daß ich in mei-

---

\* »*Wahrheit und Dichtung*«: Gemeint sind die »Memoiren« und »Geständnisse«; zum »Memoiren-Mythos« siehe Kortländer, S. 321 ff.
\*\* *Eine Novelle:* unklar

nem Manuskript manches ändre und auslasse. Ich würde es früher einsenden, wenn ich es nicht erst von meiner Familie, der ich es zur Winterlektüre mitgetheilt, zurückkommen lassen müßte. Eigentlich ist es auch entsetzlich frühe, jetzt schon die Almanachsbeyträge einzutreiben.

(...)

Was in dieser Hinsicht mich selbst betrifft, so erinnere ich mich, daß Sie mir ein Honorar von vier Carolin per Druckbogen angeboten, als Sie mich kurz vor meiner Abreise von Berlin zum Mitarbeiten an die »Rheinblüthen« aufgefordert. Wenn also meine »Harzreise« für die »Rheinblüthen« angenommen wird, so erwarte ich dieses Honorar und wünschte drey Monath nach Absendung meines Manuskripts darüber verfügen zu können. In bessern Zeiten würde ich dergleichen nicht mahl erwähnen. – Und sie werden besser werden!

Guten Morgen!

Sie glauben, ich sey ein unzuverlässiger Mensch, und es ist doch nicht wahr. Das Manuskript meiner Harzreise, 80 Seiten des gegenwärtigen Postpapiers betragend, liegt zur Absendung nach Carlsruhe bereit, aber ich möchte gar zu gern es noch drey Wochen hier behalten zur Feile und zu kleinen Veränderungen, die ich in diesem Augenblick, wo ich mehr als je in meinem juristischen Quark stecke, nicht machen möchte. Drängt es aber gar zu sehr mit dem Abdruck, so lassen Sie mir das umgehend mit zwey Worten wissen, und mit umgehender Post erhalten Sie mein Manuskript. – Nur nicht böse über meine gar zu schwere Manieren und die Scherereyen, die ich Ihnen mache. Aber bedenken Sie, diese Welt ist so eingerichtet, daß einer den andern plagen und ihm Geduld lehren muß. – So bald ich indessen mit meinem juristischen Quark ins Reine bin, sage ich Ihnen mit vielen, schönen, herzlichen Worten, wie sehr ich bin,

liebenswürdigste Frau,
Ihr ergebener

Göttingen, d. 19. April 1825.          H. Heine.

*Heinrich Heine*
*An Friederike Robert*
*15.5.1825*

Schöne, gute Frau!

Endlich, endlich habe ich meine juristischen Plackereien so weit abgestreift, daß ich wohl im Stande wäre, Ihnen einen recht langen, hübschen Brief zu schreiben. Und dennoch geschieht dieses nicht, denn kaum der einen Plage entlastet, fällt wieder eine andre auf mich, und zum ordentlichen Schreiben müßte ich erst eine gute Stunde abwarten, und dazu gebrichts an Zeit, indem ich doch mit der Absendung meines Manuskripts nicht länger zögern darf. Möge es Ihren Beyfall erlangen. Ich habe es so viel als möglich für die »Rheinblüthen« zugestutzt. Vieles mußt ich streichen; und zur Füllung mancher Lücke, besonders am Ende der großen Gedichte, fehlte mir die Muße. Doch ist dieses nicht bemerkbar. Erscheint die Persiflage des Ballets etwas zu stark, so erlaube ich gern, die ganze Parthie, die damit zusammenhängt und die ich mit Bleystift bezeichnet, ausfallen zu lassen. Muß aus ähnlichem, politischen Nothwendigkeitsgrunde irgend eine andre Stelle meines Manuskripts wegbleiben, so bitte ich die Lücke mit den üblichen Strichen zu füllen. Außerdem bitte ich aber die Redakzion der Rheinblüthen, bey Leibe keine eigenmächtigen Veränderungen oder Auslassungen aus ästhetischen Gründen in meiner Harzreise zu gestatten. Denn, da diese im subjektivsten Style geschrieben ist, mit meinem Namen in der Welt erscheint, und mich also als Mensch und Dichter verantwortlich macht, so kann ich dabey

eine fremde Willkürlichkeit nicht so gleichgültig ansehen wie bey namenlosen Gedichten, die zur Hälfte redu-
zirt werden. Damit indessen freundlicher Bemühung einiger Spielraum verbleibe, so bemerke ich, daß einige leicht
zu verbessernde Schreibfehler in meinem Manuskripte auf-
zufinden sind; ein Freund, der dasselbe zuletzt las, hat es
wenigstens geäußert, und mir fehlt es jetzt an Zeit und
Lust zu einer neuen Durchsicht. Auch sende ich anbey
sechs neue Liedchen von der alten Sorte, die nur mit meiner Chiffre (....e) bezeichnet sind, wovon die drey ersten
mir einigermaßen gefallen, weit weniger die drey letzten,
die immerhin fortgestrichen werden können, und die ich
vielleicht zu diesem Zwecke hingeschrieben. — Die Verse
in meiner Harzreise sind eine ganz neue Sorte und wun-
derschön. Indessen man kann sich irren. Es sollte mir sehr
leid thun, wenn mein Mskpt. Ihren Erwartungen nicht
entspräche, nicht meinetwegen, sondern weil ich so gern
Ihre Wünsche erfüllt sähe. In diesem Fall, wenn Sie etwa
unterdessen fremdes, besseres Manuskript erhalten, oder
mein Mskpt. wegen meiner eigenen Bestimmungen nicht
abdrucken lassen können, wünsche ich, daß Sie mir dasselbe ohne großen Zeitverlust unfrankirt hierher nach
Göttingen per fahrenden Post zurücksenden möchten. Ich
hätte Ihnen gar gern eine hübsche Novelle geschickt, aber
es war unmöglich; mögen mich nächstes Jahr die Musen
besser begünstigen!

## Carl Dörne
### Reise von Osterode nach Clausthal

Im Herbst 1824 kehrte ich von einer Geschäfts-Reise
von Osterode nach Clausthal zurück. Durch eine Flasche
Serons de Salvanette, die ich bei meinem alten Freunde St.
getrunken, waren meine Lebensgeister dergestalt exaltirt,
daß man mich hätte für ausgelassen halten können. Etwa
auf der Hälfte des Weges traf ich mit einem jungen Manne
zusammen, den ich genau beschreibe, damit er sich überzeugt, daß ich ihn wirklich damals gesehen. Er war etwa 5
Fuß 6 Zoll groß, konnte 25–27 Jahr alt seyn, hatte blonde
Haare, blaue Augen, eine einnehmende Gesichtsbildung,
war schlank von Gestalt, trug einen braunen Ueberrock,
gelbe Pantalons, gestreifte Weste, schwarzes Halstuch und
hatte eine grüne Kappe auf dem Kopfe und einen Tornister
von grüner Wachsleinwand auf dem Rücken. Der Serons
de Salvanette war lediglich schuld daran, daß ich den Reisenden sogleich nach der ersten Begrüßung anredete, und
nach Namen, Stand und Woher und Wohin fragte. Der
Fremde sah mich mit einem sardonischen Lächeln von der
Seite an, nannte sich Peregrinus* und sagte, er sey ein Cos-
mopolit, der auf Kosten des türkischen Kaisers reise, um
Rekruten an zu werben. »Haben Sie Lust?« fragte er mich. –
»Bleibe im Lande und nähre dich redlich!« erwiederte ich,
und dankte sehr. Um indessen Gleiches mit Gleichem zu
vergelten, gab ich mich für einen Schneidergesellen aus
und erzählte dem türkischen Geschäftsträger, daß ich von

* *Peregrinus:* Fremdling

B. komme, woselbst sich ein Gerücht verbreitet, daß der junge Landesherr auf einer Reise nach dem gelobten Lande von den Türken gefangen sey, und ein ungeheures Lösegeld bezahlen solle. Herr Peregrinus versprach, sich dieserhalb bei dem Sultan zu verwenden, und erzählte mir von dem großen Einflusse, den er bei Sr. Hoheit habe.

Unter dergleichen Gesprächen setzten wir unsere Reise fort, und um meine angefangene Rolle durch zu führen, sang ich allerlei Volkslieder, und ließ es an Corruptionen des Textes nicht fehlen, bewegte mich auch überhaupt ganz im Geiste eines reisenden Handwerksburschen. Ich vertraute dem Gefährten, daß ich ein hübsches Sümmchen bei mir trage, Mutterpfennige, es mir daher um so angenehmer sey, einen mannhaften Gesellschafter gefunden zu haben, auf den ich mich, falls wir von Räubern sollten angefallen werden, verlassen könnte. Der Ungläubige versicherte mich unbedenklich seines Schutzes. »Hier will es mit den Räubern nicht viel sagen«, fuhr er fort; »aber Sie sollten nach der Türkei kommen, da kann man fast keinen Fuß vor den andern setzen, ohne auf große bewaffnete Räuberschaaren zu stoßen; jeder Reisende führt daher, in jenen Gegenden, zu seinem Schutze Kanonen von schwerem Caliber mit sich, und kommt dessenungeachtet oft kaum mit dem Leben davon.« – Ich bezeigte dem Geschäftsträger Sr. Hoheit mein Erstaunen und lobte beiläufig die deutsche Polizei, deren Thätigkeit es gelungen, daß ein armer Reisender ganze Stunden Weges zurück zu legen im Stande sey, ohne gerade von Räubern ausgeplündert zu werden. »Was wollten wir machen« – fuhr ich fort – »wenn hinter jedem Busche und aus jedem Graben mehrere gefährliche Kerle hervor sprängen und sich von dem erschrockenen Wanderer Alles ausbäten, wie der Bettler in Gellert's Fabel?« – »Haben Sie Gellert gelesen?« fragte mich mein Begleiter. – »Ja!« erwiederte ich; »ich habe in meiner Jugend Lesen und Schreiben gelernt, meine Lehrjahre bei dem Schneidermeister Sander zu Halberstadt im lichten Graben ausgestanden und seitdem bei mehreren Meistern in Cassel und Braunschweig gearbeitet, um den eigentlichen Charakter der männlichen Kleidung weg zu kriegen, welcher oft schwerer zu studiren ist, als des Mannes Charakter, der den Rock trägt.« – Hier sah mich Herr Peregrinus wieder von der Seite an, wurde nach und nach einsylbiger und verstummte endlich gar. – Er hatte überhaupt eine hofmännische Kälte an sich, die mich immer in einiger Entfernung von ihm hielt, und um den Scherz zu enden, klagte ich über Müdigkeit, ließ mich auf einen Baumstamm nieder und lud meinen Begleiter ein, ein Gleiches zu thun. Der aber antwortete, wie ich vermuthet hatte: es bliebe ihm für heute keine Zeit zur Ruhe übrig, lüftete seine Kappe und ging seines Weges, mich zum baldigen Nachkommen einladend. –

Ich hätte dieses kleine Reise-Abentheuer für immer der Vergessenheit übergeben, der »Gesellschafter« Bl. 11 von diesem Jahre mag's verantworten, daß ich's erzähle. In dem bezeichneten Blatte las ich nämlich zu meiner größten Ueberraschung die »Harzreise von H. Heine im Herbst 1824«, und fand mich darin als den reisenden Schneidergesellen mit vielem Humor abconterfeyt. Zu meiner Beruhigung habe ich aus der besagten »Harzreise« ersehen, daß mein damaliger Begleiter nicht Peregrinus, sondern H. Heine heißt, daß er kein Geschäftsträger Sr. Hoheit, sondern ein Jurist ist, der von Göttingen kommt und, wie er selbst sagt, zu viel Jurisprudenz und schlechte Verse (wahrscheinlich von Andern) im Kopfe hat. – Meine Wenigkeit beschreibt Hr. Heine in seiner »Harzreise« folgendermaßen:

»Auf dem Wege von Osterode nach Clausthal traf ich mit einem reisenden Schneidergesellen zusammen. Es war ein niedlicher kleiner junger Mensch, so dünn, daß die Sterne durchschimmern konnten, wie durch Ossians Nebelgeister, und im Ganzen eine volksthümlich barokke Mischung von Laune und Wehmuth.«

Das Wahre an der Sache ist, daß ich mir selbst etwas mehr Corpulenz wünschte. Die Wehmuth streich' ich aber, mit Hrn. Heine's Erlaubniß, und berufe mich dieserhalb auf das ganze Clausthal.

Was nun die doppelte Poesie anbetrifft, die ich einem Kameraden zu Cassel beimaß, und von welcher Hr. Heine glaubt, daß ich darunter doppelt gereimte Verse oder Stanzen verstanden, so muß ich zur Steuer der Wahrheit bekennen, daß ich daran nicht dachte, vielmehr nur sagen wollte: der Kamerad ist von Natur ein Dichter und wenn er getrunken hat, sieht er Alles doppelt und dichtet also mit der doppelten Poesie. – Die Redensarten, welche mir Hr. Heine in den Mund legt, sind wörtlich richtig und gehörten mit zu meiner Rolle. Hr. Heine und ich haben uns hiernach auf eine spashafte Weise getäuscht.

Nun Scherz bei Seite: Ich versichere Hrn. Heine, daß, ob ich gleich zu seiner »Harzreise« einige Haare hergeben müssen, ich ihn dessenungeachtet nicht im geringsten anfeinde, vielmehr seine humoristische Beschreibung mit wahrem Vergnügen gelesen habe.

Ich schließe mit der Bemerkung, daß ich den jungen Kaufmann mit seinen 25 bunten Westen und eben so vielen goldenen Pettschaften, Ringen, Brustnadeln u.s.w., welcher sich Hrn. Heine in der Krone zu Clausthal aufgedrungen, sehr gut kenne, und versichern kann, daß derselbe seine Persons-Beschreibung sehr ungnädig vermerken würde. Er liest aber keine Journale, eben weil er so viele Westen, Ringe und Brustnadeln trägt, und seines so erschrecklich zusammengesetzten Anzuges wegen keine Zeit zum Lesen übrig hat, nur zum Fragen nimmt er sich welche. Ich verrathe dem Handlungs-Beflissenen nichts, sondern wünsche nur, daß ich mit dem Hrn. Heine noch einmal zusammen treffen möge, um demselben meinen persönlichen Dank für den Genuß ab zu statten, welchen ich durch Lesung seiner humoristischen »Harzreise« gehabt, und um den Verfasser zu überzeugen, daß ich mit der löblichen Schneiderzunft in gar keiner Verbindung stehe.

*aus: Gesellschafter, Blatt 138 vom 30.8.1826,*
*Beilage Bemerker Nr. 26, zitiert nach B II, S. 757-759*

# VIII
# »Auf den Wällen Salamankas«
*In Göttingen gedichtet*\*

\* *Die Gedichte sind chronologisch geordnet, das Entstehungsdatum (E) wird nach Mende angegeben.*

*An den Hofrat Georg S. in Göttingen*

Stolz und gebietend ist des Leibes Haltung,
Doch Sanftmut sieht man um die Lippen schweben,
Das Auge blitzt, und alle Muskeln beben,
Doch bleibt im Reden ruhige Entfaltung.

So stehst du auf dem Lehrstuhl, von Verwaltung
Der Staaten sprechend, und vom klugen Streben
Der Kabinette, und von Völkerleben,
Und von Germaniens Spaltung und Gestaltung.

Aus dem Gedächtnis lischt mir nie dein Bild!
In unsrer Zeit der Selbstsucht und der Roheit
Erquickt ein solches Bild von edler Hoheit.

Doch was du mir, recht väterlich und mild,
Zum Herzen sprachst in stiller trauter Stunde,
Das trag ich treu im tiefen Herzensgrunde.

*Betrifft Hofrat Professor Dr. Georg Sartorius.*
*B I, S. 223; E: Ende Oktober 1820)*

## Das Liedchen von der Reue

Herr Ulrich reitet im grünen Wald,
Die Blätter lustig rauschen.
Er sieht eine holde Mädchengestalt
Durch Baumeszweige lauschen.

Der Junker spricht: Wohl kenne ich
Dies blühende, glühende Bildnis,
Verlockend stets umschwebt es mich
In Volksgewühl und Wildnis.

Zwei Röslein sind die Lippen dort,
Die lieblichen, die frischen;
Doch manches häßlich bittre Wort
Schleicht tückisch oft dazwischen.

Drum gleicht dies Mündlein gar genau
Den hübschen Rosenbüschen,
Wo giftge Schlangen wunderschlau
Im dunkeln Laube zischen.

Dort jenes Grübchen wunderlieb
In wunderlieben Wangen,
Das ist die Grube, worein mich trieb
Wahnsinniges Verlangen.

Dort seh ich ein schönes Lockenhaar
Vom schönsten Köpfchen hangen;
Das sind die Netze wunderbar,
Womit mich der Böse gefangen.

Und jenes blaue Auge dort,
So klar wie stille Welle,
Das hielt ich für des Himmels Pfort,
Doch wars die Pforte der Hölle. –


Herr Ulrich reitet weiter im Wald,
Die Blätter rauschen schaurig.
Da sieht er von fern eine zweite Gestalt,
Die ist so bleich, so traurig.


Der Junker spricht: O Mutter dort,
Die mich so mütterlich liebte,
Der ich mit bösem Tun und Wort
Das Leben bitterlich trübte!


O, könnt ich dir trocknen die Augen naß
Mit der Glut von meinen Schmerzen!
O, könnt ich dir röten die Wangen blaß
Mit dem Blut aus meinem Herzen!


Und weiter reitet Herr Ulerich,
Im Wald beginnt es zu düstern,
Viel seltsame Stimmen regen sich,
Die Abendwinde flüstern.


Der Junker hört die Worte sein
Gar vielfach widerklingen.
Das taten die spöttischen Waldvöglein,
Die zwitschern laut und singen:

Herr Ulrich singt ein hübsches Lied,
Das Liedchen von der Reue,
Und hat er zu Ende gesungen das Lied,
So singt er es wieder aufs neue.

*B I, S. 58-60; E: Ende Oktober 1820*

*An H. S.*

Wie ich dein Büchlein hastig aufgeschlagen,
Da grüßen mir entgegen viel vertraute,
Viel goldne Bilder, die ich weiland schaute
Im Knabentraum und in den Kindertagen.

Ich sehe wieder stolz gen Himmel ragen
Den frommen Dom, den deutscher Glaube baute,
Ich hör der Glocken und der Orgel Laute,
Dazwischen klingts wie süße Liebesklagen.

Wohl seh ich auch, wie sie den Dom umklettern,
Die flinken Zwerglein, die sich dort erfrechen
Das hübsche Blum- und Schnitzwerk abzubrechen.

Doch mag man immerhin die Eich entblättern
Und sie des grünen Schmuckes rings berauben –
Kommt neuer Lenz, wird sie sich neu belauben.

*H.S. = Heinrich Straube.*
*B I, S. 66 f.; E: 17.12.1820*

Wenn einst die Posaunen mit schmetterndem Schall
Am jüngsten Tag erklingen,
Dann werden die Toten überall
Aus ihren Gräbern springen.

Dann singen die Engel von oben herab
Das Lied vom Herrn der Welt;
Doch ich, ich bleibe liegen im Grab,
Wenn's Lied mir nicht gefällt.

*Göttingen, den 3. Februar 1821*

## Wahrhaftig

Wenn der Frühling kommt mit dem Sonnenschein,
Dann knospen und blühen die Blümlein auf;
Wenn der Mond beginnt seinen Strahlenlauf,
Dann schwimmen die Sternlein hintendrein;
Wenn der Sänger zwei süße Äuglein sieht,
Dann quellen ihm Lieder aus tiefem Gemüt; –
Doch Lieder und Sterne und Blümelein,
Und Äuglein und Mondglanz und Sonnenschein,
Wie sehr das Zeug auch gefällt,
So machts doch noch lang keine Welt.

*B I, S. 64; E: 5.2.1821*

Auf den Wällen Salamankas
Sind die Lüfte lind und labend;
Dort, mit meiner holden Donna,
Wandle ich am Sommerabend.

Um den schlanken Leib der Schönen
Hab ich meinen Arm gebogen,
Und mit selgem Finger fühl ich
Ihres Busens stolzes Wogen.

Doch ein ängstliches Geflüster
Zieht sich durch die Lindenbäume,
Und der dunkle Mühlbach unten
Murmelt böse, bange Träume.

»Ach Sennora, Ahnung sagt mir:
Einst wird man mich relegieren,
Und auf Salamankas Wällen
Gehn wir nimmermehr spazieren.«

*Mit »Salamankas Wällen« meint Heine den Göttinger Wall.*
*B I, S. 146; E: Lüneburg, Juni 1823*

Ich rief den Teufel und er kam,
Und ich sah ihn mit Verwundrung an.
Er ist nicht häßlich und ist nicht lahm,
Er ist ein lieber, scharmanter Mann,
Ein Mann in seinen besten Jahren,
Verbindlich und höflich und welterfahren.
Er ist ein gescheuter Diplomat,
Und spricht recht schön über Kirch und Staat.
Blaß ist er, etwas, doch ist es kein Wunder,
Sanskrit und Hegel studiert er jetzunder.
Sein Lieblingspoet ist noch immer Fouqué.
Doch will er nicht mehr mit Kritik sich befassen,
Die hat er jetzt gänzlich überlassen
Der teuren Großmutter Hekate.
Er lobte mein juristisches Streben,
Hat früher sich auch damit abgegeben.
Er sagte, meine Freundschaft sei
Ihm nicht zu teuer, und nickte dabei,
Und frug: ob wir uns früher nicht
Schon einmal gesehn beim spanschen Gesandten?
Und als ich recht besah sein Gesicht,
Fand ich in ihm einen alten Bekannten.

Mensch, verspotte nicht den Teufel,
Kurz ist ja die Lebensbahn,
Und die ewige Verdammnis
Ist kein bloßer Pöbelwahn.

Mensch, bezahle deine Schulden,
Lang ist ja die Lebensbahn,
Und du mußt noch manchmal borgen,
Wie du es so oft getan.

*B I, S. 125-126; E: Mai 1824*

Nun ist es Zeit, daß ich mit Verstand
Mich aller Torheit entledge;
Ich hab so lang als ein Komödiant
Mit dir gespielt die Komödie.

Die prächtgen Kulissen, sie waren bemalt
Im hochromantischen Stile,
Mein Rittermantel hat goldig gestrahlt,
Ich fühlte die feinsten Gefühle.

Und nun ich mich gar säuberlich
Des tollen Tands entledge,
Noch immer elend fühl ich mich,
Als spielt ich noch immer Komödie.

Ach Gott! im Scherz und unbewußt
Sprach ich was ich gefühlet;
Ich hab mit dem Tod in der eignen Brust
Den sterbenden Fechter gespielet.

*B I, S. 130; E: Mai 1824*

Den König Wiswamitra,
Den treibts ohne Rast und Ruh,
Er will durch Kampf und Büßung
Erwerben Wasischtas Kuh.

O, König Wiswamitra,
O, welch ein Ochs bist du,
Daß du so viel kämpfest und büßest,
Und alles für eine Kuh!

*B I, S. 130 f.; E: Mai 1824*

## Childe Harold

Eine starke, schwarze Barke
Segelt trauervoll dahin.
Die vermummten und verstummten
Leichenhüter sitzen drin.

Toter Dichter, stille liegt er,
Mit entblößtem Angesicht;
Seine blauen Augen schauen
Immer noch zum Himmelslicht.

Aus der Tiefe klingts, als riefe
Eine kranke Nixenbraut,
Und die Wellen, sie zerschellen
An dem Kahn, wie Klagelaut.

*B IV, S. 375; E: Mai 1824*

Du Lilje meiner Liebe,
Du stehst so träumend am Bach,
Und schaust hinein so trübe,
Und flüsterst Weh und Ach!

»Geh fort mit deinem Gekose!
Ich weiß es, du falscher Mann,
Daß meine Cousine, die Rose,
Dein falsches Herz gewann.«

*B I, S. 235; E: Mai 1824*

Die Jahre kommen und gehen,
Geschlechter steigen ins Grab,
Doch nimmer vergeht die Liebe,
Die ich im Herzen hab.

Nur einmal noch möcht ich dich sehen,
Und sinken vor dir aufs Knie,
Und sterbend zu dir sprechen:
Madame, ich liebe Sie!

*B I, S. 120; E: Juli 1824*

»Sag, wo ist dein schönes Liebchen,
Das du einst so schön besungen,
Als die zaubermächtgen Flammen
Wunderbar dein Herz durchdrungen?«

Jene Flammen sind erloschen,
Und mein Herz ist kalt und trübe,
Und dies Büchlein ist die Urne
Mit der Asche meiner Liebe.

*B I, S. 149; E: August 1824*

Neben mir wohnt Don Henriques,
Den man auch den Schönen nennet;
Nachbarlich sind unsre Zimmer
Nur von dünner Wand getrennet.

Salamankas Damen glühen,
Wenn er durch die Straßen schreitet,
Sporenklirrend, schnurrbartkräuselnd,
Und von Hunden stets begleitet.

Doch in stiller Abendstunde
Sitzt er ganz allein daheime,
In den Händen die Gitarre,
In der Seele süße Träume.

In die Saiten greift er bebend
Und beginnt zu phantasieren, –
Ach! wie Katzenjammer quält mich
Sein Geschnarr und Quinquilieren.

*B I, S. 146 f.; E: September 1824*

*Bergidylle*

## I

Auf dem Berge steht die Hütte,
Wo der alte Bergmann wohnt;
Dorten rauscht die grüne Tanne,
Und erglänzt der goldne Mond.


In der Hütte steht ein Lehnstuhl,
Reich geschnitzt und wunderlich,
Der darauf sitzt, der ist glücklich,
Und der Glückliche bin ich!


Auf dem Schemel sitzt die Kleine,
Stützt den Arm auf meinen Schoß;
Äuglein wie zwei blaue Sterne,
Mündlein wie die Purpurros'.


Und die lieben, blauen Sterne
Schaun mich an so himmelgroß,
Und sie legt den Lilienfinger
Schalkhaft auf die Purpurros'.

Nein, es sieht uns nicht die Mutter,
Denn sie spinnt mit großem Fleiß,
Und der Vater spielt die Zither,
Und er singt die alte Weis'.

Und die Kleine flüstert leise,
Leise, mit gedämpftem Laut;
Manches wichtige Geheimnis
Hat sie mir schon anvertraut.

»Aber seit die Muhme tot ist,
Können wir ja nicht mehr gehn
Nach dem Schützenhof zu Goslar,
Und dort ist es gar zu schön.

Hier dagegen ist es einsam
Auf der kalten Bergeshöh',
Und des Winters sind wir gänzlich
Wie vergraben in dem Schnee.

Und ich bin ein banges Mädchen,
Und ich fürcht mich wie ein Kind
Vor den bösen Bergesgeistern,
Die des Nachts geschäftig sind.«

Plötzlich schweigt die liebe Kleine,
Wie vom eignen Wort erschreckt,
Und sie hat mit beiden Händchen
Ihre Äugelein bedeckt.


Lauter rauscht die Tanne draußen,
Und das Spinnrad schnarrt und brummt,
Und die Zither klingt dazwischen,
Und die alte Weise summt:


»Fürcht dich nicht, du liebes Kindchen,
Vor der bösen Geister Macht;
Tag und Nacht, du liebes Kindchen,
Halten Englein bei dir Wacht!«

## II

Tannenbaum, mit grünen Fingern,
Pocht ans niedre Fensterlein,
Und der Mond, der gelbe Lauscher,
Wirft sein süßes Licht herein.


Vater, Mutter schnarchen leise
In dem nahen Schlafgemach,
Doch wir beide, selig schwatzend,
Halten uns einander wach.


»Daß du gar zu oft gebetet,
Das zu glauben wird mir schwer,
Jenes Zucken deiner Lippen
Kommt wohl nicht vom Beten her.


Jenes böse, kalte Zucken,
Das erschreckt mich jedesmal,
Doch die dunkle Angst beschwichtigt
Deiner Augen frommer Strahl.


Auch bezweifl ich, daß du glaubtest,
Was so rechter Glauben heißt,
Glaubst wohl nicht an Gott den Vater,
An den Sohn und Heil'gen Geist?«

Ach, mein Kindchen, schon als Knabe,
Als ich saß auf Mutters Schoß,
Glaubte ich an Gott den Vater,
Der da waltet gut und groß;

Der die schöne Erd' erschaffen,
Und die schönen Menschen drauf,
Der den Sonnen, Monden, Sternen
Vorgezeichnet ihren Lauf.

Als ich größer wurde, Kindchen,
Noch viel mehr begriff ich schon
Und begriff, und ward vernünftig,
Und ich glaub auch an den Sohn;

An den lieben Sohn, der liebend
Uns die Liebe offenbart
Und zum Lohne, wie gebräuchlich,
Von dem Volk gekreuzigt ward.

Jetzo, da ich ausgewachsen,
Viel gelesen, viel gereist,
Schwillt mein Herz, und ganz von Herzen
Glaub ich an den Heil'gen Geist.

Dieser tat die größten Wunder,
Und viel größre tut er noch;
Er zerbrach die Zwingherrnburgen
Und zerbrach des Knechtes Joch.


Alte Todeswunden heilt er,
Und erneut das alte Recht:
Alle Menschen, gleichgeboren,
Sind ein adliges Geschlecht.


Er verscheucht die bösen Nebel,
Und das dunkle Hirngespinst,
Das uns Lieb' und Lust verleidet,
Tag und Nacht uns angegrinst.


Tausend Ritter, wohlgewappnet,
Hat der heilge Geist erwählt,
Seinen Willen zu erfüllen,
Und er hat sie mutbeseelt.


Ihre teuren Schwerter blitzen,
Ihre guten Banner wehn!
Ei, du möchtest wohl, mein Kindchen,
Solche stolze Ritter sehn?

Nun, so schau mich an, mein Kindchen,
Küsse mich und schaue dreist;
Denn ich selber bin ein solcher
Ritter von dem Heil'gen Geist.

### III

Still versteckt der Mond sich draußen
Hinterm grünen Tannenbaum,
Und im Zimmer unsre Lampe
Flackert matt und leuchtet kaum.

Aber meine blauen Sterne
Strahlen auf in hellerm Licht,
Und es glüht die Purpurrose,
Und das liebe Mädchen spricht:

»Kleines Völkchen, Wichtelmännchen
Stehlen unser Brot und Speck,
Abends ist es noch im Kasten,
Und des Morgens ist es weg.

Kleines Völkchen, unsre Sahne
Nascht es von der Milch, und läßt
Unbedeckt die Schüssel stehen,
Und die Katze säuft den Rest.

Und die Katz' ist eine Hexe,
Denn sie schleicht, bei Nacht und Sturm,
Drüben nach dem Geisterberge,
Nach dem altverfallnen Turm.

Dort hat einst ein Schloß gestanden,
Voller Lust und Waffenglanz;
Blanke Ritter, Fraun und Knappen
Schwangen sich im Fackeltanz.

Da verwünschte Schloß und Leute
Eine böse Zauberin,
Nur die Trümmer blieben stehen,
Und die Eulen nisten drin.

Doch die sel'ge Muhme sagte:
Wenn man spricht das rechte Wort,
Nächtlich zu der rechten Stunde,
Drüben an dem rechten Ort:

So verwandeln sich die Trümmer
Wieder in ein helles Schloß,
Und es tanzen wieder lustig
Ritter, Fraun und Knappentroß;

Und wer jenes Wort gesprochen,
dem gehören Schloß und Leut',
Pauken und Trompeten huldgen
Seiner jungen Herrlichkeit.«

Also blühen Märchenbilder
Aus des Mundes Röselein,
Und die Augen gießen drüber
Ihren blauen Sternenschein.


Ihre goldnen Haare wickelt
Mir die Kleine um die Händ,
Gibt den Fingern hübsche Namen,
Lacht und küßt und schweigt am End.


Und im stillen Zimmer alles
Blickt mich an so wohlvertraut;
Tisch und Schrank, mir ist, als hätt' ich
Sie schon früher mal geschaut.


Freundlich ernsthaft schwatzt die Wanduhr,
Und die Zither, hörbar kaum,
Fängt von selber an zu klingen,
Und ich sitze wie im Traum.


Jetzo ist die rechte Stunde,
Und es ist der rechte Ort;
Ei, was gilts, mit kühnen Lippen
Sprech ich aus das rechte Wort.

Siehst du schon, mein Kind, es dämmert
Und erbebt die Mitternacht,
Bach und Tannen brausen lauter,
Und der alte Berg erwacht.


Zitherklang und Zwergenlieder
Tönen aus des Berges Spalt,
Und es sprießt wie 'n toller Frühling
Draus hervor ein Blumenwald;


Blumen, kühne Wunderblumen,
Blätter, breit und fabelhaft,
Duftig bunt und hastig regsam,
Wie gedrängt von Leidenschaft.


Rosen, wild wie rote Flammen,
Sprühn aus dem Gewühl hervor;
Lilien, wie kristallne Pfeiler,
Schießen himmelhoch empor.


Und die Sterne, groß wie Sonnen,
Schaun herab mit Sehnsuchtsglut;
In der Liljen Riesenkelche
Strömet ihre Strahlenflut.

Doch wie selber, süßes Kindchen,
Sind verwandelt noch viel mehr;
Fackelglanz und Gold und Seide
Schimmern lustig um uns her.

Du, du wurdest zur Prinzessin,
Diese Hütte ward zum Schloß,
Und da jubeln und da tanzen
Ritter, Fraun und Knappentroß.

Aber Ich, ich hab erworben
Dich und Alles, Schloß und Leut';
Pauken und Trompeten huldgen
Meiner jungen Herrlichkeit!

*Aus: »Die Harzreise«, BII, S. 130–137; E: Herbst 1824*

## Auf dem Brocken

Heller wird es schon im Osten
Durch der Sonne kleines Glimmen,
Weit und breit die Bergesgipfel
In dem Nebelmeere schwimmen.

Hätt ich Siebenmeilenstiefel,
Lief ich, mit der Hast des Windes,
Über jene Bergesgipfel,
Nach dem Haus des lieben Kindes.

Von dem Bettchen, wo sie schlummert,
Zög ich leise die Gardinen,
Leise küßt ich ihre Stirne,
Leise ihres Munds Rubinen.

Und noch leiser wollt ich flüstern
In die kleinen Liljenohren:
Denk im Traum, daß wir uns lieben,
Und daß wir uns nie verloren.

*Aus: »Die Harzreise«, BII, S. 154; E: November 1824*

## Die Ilse

Ich bin die Prinzessin Ilse,
Und wohne im Ilsenstein;
Komm mit nach meinem Schlosse,
Wir wollen selig sein.

Dein Haupt will ich benetzen
Mit meiner klaren Well,
Du sollst deine Schmerzen vergessen,
Du sorgenkranker Gesell!

In meinen weißen Armen,
An meiner weißen Brust,
Da sollst du liegen und träumen
Von alter Märchenlust.

Ich will dich küssen und herzen,
Wie ich geherzt und geküßt
Den lieben Kaiser Heinrich,
Der nun gestorben ist.

Es bleiben tot die Toten,
Und nur der Lebendige lebt;
Und ich bin schön und blühend,
Mein lachendes Herze bebt.

Komm in mein Schloß herunter,
In mein kristallenes Schloß.
Dort tanzen die Fräulein und Ritter,
Es jubelt der Knappentroß.

Es rauschen die seidenen Schleppen,
Es klirren die Eisensporn,
Die Zwerge trompeten und pauken,
Und fiedeln und blasen das Horn.

Doch dich soll mein Arm umschlingen,
Wie er Kaiser Heinrich umschlang; –
Ich hielt ihm zu die Ohren,
Wenn die Trompet erklang.

*Aus: »Die Harzreise«, BII, S. 159; E: November 1824*

Auf den Wolken ruht der Mond,
Eine Riesenpomeranze,
Überstrahlt das graue Meer,
Breiten Streifs, mit goldnem Glanze.

Einsam wandl ich an dem Strand,
Wo die weißen Wellen brechen,
Und ich hör viel süßes Wort,
Süßes Wort im Wasser sprechen.

Ach, die Nacht ist gar zu lang,
Und mein Herz kann nicht mehr schweigen –
Schöne Nixen, kommt hervor,
Tanzt und singt den Zauberreigen!

Nehmt mein Haupt in euren Schoß,
Leib und Seel sei hingegeben!
Singt mich tot und herzt mich tot,
Küßt mir aus der Brust das Leben!

*B I, S. 238; E: Januar 1825*

# IX
# »Editorische Notiz«

Die Eingangspassagen von Heinrich Heines »Harzreise«
mit der legendären Verspottung Göttinger Zustände und
Eitelkeiten ist, zumindest in Kurzfassung, vermutlich
jedem Göttinger bekannt. In diesem Werk fand Heine den
ihm gemäßen Ton und einen Ausdruck, der bis in seine
Spätwerke, vor allem bis »Deutschland. Ein Wintermärchen«, vorherrschend ist. Mit seinem Spott setzte Heine
eine lokale Tradition fort, die einen ersten Höhepunkt in
Lichtenbergs Sudelbüchern und Briefen fand und bis in die
Gegenwart nicht abgerissen ist – Glanzpunkte der jüngeren
Vergangenheit setzte vor allem Robert Gernhardt.

In seinen Göttinger Jahren hat Heine zahllose Texte
*über* und *in* Göttingen verfaßt hat, darunter etliche Briefe
aus seiner Studienstadt an Freunde und Verwandte. In diesen findet man Zeugnisse des echten Heine, seine ungefil-
terten Ansichten, Gefühle und Animositäten. Er schreibt
selbst: »weil bey mir immer der Brief, den ich schreibe, ein
Thermometer ist, woraus man meine Gemüthsstimmung
erkennen kann.« (an Christiani 7.3.1824)

Aus all diesen Zeugnissen und Dokumenten eine
Auswahl zusammenzustellen ist überfällig, weil es eine
solche bislang nicht gegeben hat. Dabei kann es weder
um Wissenschaftlichkeit noch Vollständigkeit gehen: Die
vorliegende Edition versteht sich als Lesebuch, das Heines
Sicht auf die Stadt widerspiegeln und Einblicke in Heines
Befindlichkeiten während seiner nicht eben glücklichen
Jahre an der Georgia Augusta gewähren will.

Weil sich diese Einblicke und Befindlichkeiten über
die Jahre von 1820 bis 1825 nicht geändert haben, wurde
auf eine chronologische Struktur des Buches verzichtet –

zugunsten einer thematischen, welche die Aspekte von »Heines Göttingen« bündelt.

Heines Texte werden zitiert nach der von Klaus Briegleb herausgegebenen Werk-Ausgabe, die Briefe nach der Ausgabe von Friedrich Hirth – und wurden um Passagen gekürzt, die keine Bezüge zu Göttingen haben, bzw. um Passagen mit Wiederholungen, für heutige Zusammenhänge unwichtigen Aussagen und dergleichen. Die Überschriften der Texte stammen im allgemeinen vom Herausgeber. Die zahllosen, oft aus zeitgenössischen Bezügen zu verstehenden Anspielungen in Heines Texten in toto zu erläutern, hätte den Rahmen und die Absichten dieses Buches gesprengt – Anmerkungen wurden allenfalls in relevanten Fällen vorgenommen.

*Göttingen, im November 2004*       Roderich Schmidt

# X
# Anhang

*Bericht des Superintendenten Grimm*
*an die Regierung in Erfurt*
*25.5.1825*

Ein Israelit aus Düsseldorf gebürtig Namens Harry Heine, 25 Jahre alt, eines vormals Handel treibenden, jetzt in Lüneburg privatisirenden Juden Sohn hat sich zur Taufe bei mir gemeldet. Er studirt in Göttingen die Rechte und will nicht dort, wo man ihn kenne, sondern hier, wo er fremd sey, die Taufe empfangen, und zwar in aller Stille, damit seine Abstammung von Jüdischen Eltern, die er schon als Knabe in den christlichen Schulen, welche er besucht, verheimlicht habe nicht bekannt, und er, der immer für einen Christen sich ausgegeben und bisher dafür gegolten habe, nicht erst nach seinem Scheiden aus der Jüdischen Gemeine ein Jude genannt und mit dem Namen eines getauften Juden bezeichnet werde. Dringend bat er mich, sein Bekenntniß geheim zu halten und führte als zweyten Grund an, daß er die bedeutende Unterstützung eines seiner Israelitischen Verwandten verlieren würde, wenn es zur Kenntniß desselben gelangte, daß er dem Glauben seiner Väter entsagt habe. Ich versprach sein Geheimniß zu wahren, erklärte aber dabei, daß ich nicht umhin könne höheren Ortes von seinem Vorhaben Anzeige zu machen auch schon des Familien-Namens wegen, indem die hohe Regierungsverfügung vom 12. Juny 1822 bestimme, daß vor dem Uebertritt eines Juden zur christlichen Religion über den von ihm anzunehmenden Familien-Namen Bericht erstattet werden solle. Er

wollte dieses abwenden durch die Bemerkung daß die Verfügung sich nur auf diejenigen Proselyten beziehe, die einen
neuen Namen anzunehmen gesonnen seyen, er aber den-
jenigen behalten wolle den seine Voreltern so weit seine
Kunde von ihnen reiche immer geführt hätten. Ich gab
ihm aber zu erkennen, daß ich über die Gültigkeit dieser
seiner Distinction zu entscheiden mir nicht anmaßte. Ich
trage daher gehorsamst darauf an den Israeliten der den
Familiennamen Heine bisher geführt hat seinem Wunsche
gemäß zu berechtigen denselben Namen auch als Christ
fortzuführen. Zugleich glaube ich gehorsamst bemerken zu
müssen daß, was ich von den Verhältnissen und Lebensum-
ständen des genannten Heine berichtet habe, lediglich auf
dessen Angaben beruht und daß ich die Bekanntschaft desselben erst am 24sten d. M., als er das Gesuch getauft zu
werden bei mir anbrachte, gemacht habe. Uebrigens erinnere ich mich schon vor längerer Zeit gehört zu haben,
daß unter den Studenten aus Göttingen welche die hiesi-
gen Bälle zuweilen besuchen, ein sehr reicher Jude sey, der
für keinen Juden gelten wolle, jedoch ist mir damals der
Name desselben nicht genannt worden und ich selbst habe
ihn früher nie gesehen. Was den in den Consistorial-Ver-
fügungen vom 4t. Jan. 1820 und 7t. July 1824 angeord-
neten vorbereitenden Unterricht der Proselyten betrifft, so
erklärt der genannte Heine denselben für unnöthig, weil
er das Neue Testament schon seit langer Zeit immer bei
sich trage und eine genaue Kenntniß der Lehren der christlichen Religion sich erworben habe, was sich bei der Prüfung, der er sich willig unterwerfe, zeigen werde. Er war in
der Meinung von Göttingen gekommen, daß ich den Tag

der Prüfung sogleich bestimmen und ohne Verzug die Tauf-
handlung verrichten würde. Sehr unangenehm war es ihm
zu hören, daß der Taufact Aufschub erleiden müsse und er
bat dringend um möglichste Beschleunigung, weil sowohl
Familienverhältnisse dies erforderten als auch sein Vorhaben, Göttingen in Kürze zu verlassen und nach Berlin sich
zu wenden. Da kaum zu zweifeln ist, daß höchsten Ortes
dem Gesuch des genannten Heine diesen Namen fortzuführen gewillfahrt werden wird, so erlaube ich mir gehorsamst anzufragen, ob nicht E(ine) K(önigliche) H(ohe)
Reg(ierung) zur Taufe desselben noch vor Eingang der
landesherrl(ichen) Genehmigung die Erlaubniß zu erthei-
len geruhen wolle.

*Sup. Grimm*

*Schlingensiepen, S. 108*

*An Herrn Heine, Studenten in Göttingen,*
*den 7. Juny 1825*

Es gereicht mir zum Vergnügen, Ew. melden zu können,
daß die Kön(igliche) Hochl(öbliche) Regierung sehr schnell
auf meinen Bericht die Bescheidung erteilt hat, es sey gegen
die Fortführung Ihres bisherigen Namens nichts zu erinnern. Zugleich aber gibt diese Behörde zu erkennen, daß
ein vollständiger Unterricht in der christlichen Religion vor
dem Uebertritt zu derselben unerläßlich seyn dürfte und
allerdings ist es der Würde des M(enschen) und dem Gewissen zuwider für eine Religion sich zu erklären, deren Lehren man nicht hinlänglich geprüft und nicht einmal kennen
gelernt hat. Ich messe Ihrer Angabe, daß Sie sich mit d(en)
Hauptlehren des Christ(en)thums vertraut gemacht haben,
Glauben bei. (Gleichwohl) bin ich durch die erlassenen
Vorschriften in die Nothwendigk(eit) versetzt, Sie zu einer
Unterredung über die Grundsätze des Christ(en)thums ein-
zuladen und wünsche dieselbe in Gegenwart eines ange-
sehenen Geistlichen, des Sup(erintendenten) Dr. Bonitz in
Langensalza, anzustellen, der in diesem Monat nach Heiligenstadt kommen wird um die Stelle eines Taufzeugen bei
den 2 Kindern zu übernehmen, die meine Frau am 19t May
geboren hat... und einige Tage hier verweilt, wie ich nicht
zweifle, so könnte er auch der Zeuge bei Ihrer Taufe seyn.
Mein vorläufig gemachter Plan ist dieser: an einem noch
zu bestimmenden Tag nach der Mitte oder erst gegen das
Ende dieses Monats stellen Sie sich zu einer Unterredung
über die Lehren der christl(ichen) Rel(igion) hier ein und
wenn sich aus derselben ergibt, daß Sie die Hauptlehren

kennen, so sollen Sie an dem selben Tage noch oder am folgenden in aller Stille in Gegenwart des Sup(erintendenten) Bonitz die Taufe empfangen. Es würde mir angenehm seyn, wenn Sie dann noch einen Tag oder 2 hier verweilten, um der Gesellschaft beizuwohnen, die sich bei Gelegenheit der Taufe meiner Kinder versammeln wird.

Die Lehrsätze worüber sich unsere erforderliche Unterredung verbreiten wird, mache ich Ihnen vorläufig auf dem anliegenden Blatte bekannt und empfehle sie Ihrem Nachdenken.

Was die von Ihnen angegebenen Lebensverhältnisse betrifft, so wäre es wünschenswerth, wenn Sie davon einige Beweise beibringen könnten, z. B. daß Sie aus Düsseldorf gebürtig sind. Wenn das nicht geschehen kann, so ersuche ich Sie wenigstens nachzuweisen, daß Sie in Göttingen immaculirt sind. Ich werde nicht ermangeln bald wiederum an Sie zu schreiben.

*Superintendent Grimm, Heiligenstadt*

*Entwurf, Original nicht erhalten. Schlingensiepen, S. 112f*

*An Superintendent Grimm*
*14.6.1825*

Der Zweck dieses Briefes ist blos Ew. Hochehrwürden zu sagen, daß ich Ihr werthes Schreiben d 7 dieses Monaths richtig erhalten, mit dem Inhalt desselben übereinstimme, und Ihnen herzlich danke für den schönen Eifer womit Sie sich meinen Angelegenheiten unterziehen.

Wenn nicht Unpäßlichkeit, die mich in diesem Augenblick gefangen hält, mich nicht zu reisen verhindert, so komme ich nach Heiligenstadt zu jeder Zeit, die sie mir bestimmen; wobey ich wünschte daß Sie mir dieses durch die Post schreiben, und nicht den Brief wieder bey einem dritten einschlagen, indem letztere Beförderungsweise nicht so schnell und sicher ist wie die Briefpost.

Auf jeden Fall hoffe ich Sie bald zu sehen und Ihnen mündlich zu sagen wie sehr Sie mich mit Hochachtung erfüllen, und wie sehr ich bin

Herr Superintendent!

Ihr tief ergebener

H. Heine.

*Schlingensiepen, S. 113*

In Verfolgung meines Schreibens vom 7 d. M. und als Antwort auf das Ihrige vom 14ten lade ich Sie auf künftige Woche nach Heiligenstadt ein und erwarte Sie zu der bereits angekündigten Unterredung auf den 28sten Juny um 11 Uhr Vormittags. Das Weitere werde ich mündlich mit Ihnen besprechen.

Ich wiederhole übrigens, daß es mir angenehm seyn wird, wenn Sie an der Gesellschaft, die den 29sten d. M., wo meine 2 Kinder getauft werden, bei mir sich einfindet, Theil nehmen wollen.

Mit besonderer Hochachtung
Ihr ergebenster Diener
Grimm.

*Schlingensiepen, S.* 114

Nachdem der zu Düsseldorf den 13. December 1799\*
geborene, in Göttingen die Rechte studirende Herr Heinrich Heine am heutigen Tage in Gegenwart des Herrn
Superintendenten Dr. Bonitz aus Langensalza über die
Hauptlehren des Christenthums geprüft worden ist, und
aus der Prüfung sich ergeben hat, daß er die Wahrheiten
des Christenthums richtig gefaßt habe und mit denselben
vertraut sei er auch sehr vortheilhafte Zeugnisse über sein
sittliches Verhalten beigebracht hatte, so ist derselbe heute,
als am 28. Juni 1825, in Gegenwart des Herrn Dr. Bonitz
als Zeugen, von mir getauft worden, und hat mit Beibehal-
tung des Familiennamens Heine in der Taufe die Namen
Christian Johann Heinrich
empfangen.

Solches wird hierdurch pflichtmäßig bescheinigt und
durch meine, des Pfarrers, der die Taufe verrichtet hat,
Unterschrift, unter Beidrückung des öffentlichen Siegels,
beglaubigt.

Heiligenstadt, den 28. Juni 1825
M. Grimm
Pastor der evangel[ischen] Gemeinde
und Sup[erintendent]

*Schlingensiepen, S. 124f.*

---

\* *1799*: von Heine, wie auch bei anderen Gelegenheiten, falsch angegeben.

**1797**  13. Dezember: Harry Heine als ältester Sohn von
Samson Heine und seiner Frau Betty, geb. van Geldern,
in Düsseldorf geboren. Geschwister: Charlotte, Gustav
und Maximilian.

**1807**  Schüler des Düsseldorfer Lyzeums bis 1814.

**1815**  Banklehre in Frankfurt am Main.

**1816**  Zweijährige Ausbildung bei seinem Onkel Salomon
Heine im Bankhaus Heckscher in Hamburg. Er verliebt
sich in Amalie, die Tochter seines Onkels, die ihn allerdings zurückweist. Diese für Heine unglückliche Liebe
ist der Auslöser seiner lyrischen Produktion.

**1817**  Erste Veröffentlichung von Gedichten in der Zeitschrift
»Hamburger Wächter«.

**1818**  Heines Vater richtet seinem Sohn Harry eine Filiale seines Geschäfts in bester Kauflage in Hamburg ein, doch
wird dieses in den Konkurs des väterlichen Düsseldorfer
Unternehmens hineingerissen und liquidiert.

**1819**  Heine wieder in Düsseldorf. Im Herbst Studienbeginn
an der Universität Bonn, finanziert von Salomon Heine.

**1820**  Zum Wintersemester Wechsel nach Göttingen.

**1821**  Wegen einer Duellforderung für ein halbes Jahr der
Universität Göttingen verwiesen, wechselt Heine nach
Berlin, wo er Mitglied im »Verein für Cultur und
Wissenschaft der Juden« wird und in verschiedenen
literarischen Salons verkehrt. Dort begegnet er u. a.
Karl August und Rahel Varnhagen von Ense, Hegel,
Chamisso, Grabbe und Alexander von Humboldt.

**1822**  »Gedichte« bei Maurer in Berlin und »Briefe aus Berlin« im
»Rheinisch-Westfälischen Anzeiger« Hamm.

1823 »Tragödien nebst einem lyrischen Intermezzo« bei Dümmler in Berlin.

1824 Wieder in Göttingen. Im Herbst Wanderung durch den Harz.

1825 Promotion und Taufe. Heine verläßt Göttingen.

1826 »Die Harzreise« erscheint in gekürzter Form im »Gesellschafter«. In Hamburg Begegnung mit Julius Campe, der sein zukünftiger Verleger wird. Bereits im Mai erscheint Band I der »Reisebilder«, worin »Die Harzreise« erstmals vollständig enthalten ist. Von Hamburg aus Reisen nach Cuxhaven, Norderney und zu seinen Eltern nach Lüneburg.

1827 »Das Buch der Lieder« und »Reisebilder II« erscheinen. Reise nach England. Im Herbst in München Redakteur an Cottas Zeitschrift »Neue Allgemeine politische Annalen«.

1828 Reise nach Italien. Am 2. Dezember Tod des Vaters.

1829 Von Hamburg aus etliche Reisen. »Reisebilder III«.

1831 Übersiedlung nach Paris.

1833 »Französische Zustände«, »Zur Geschichte der neueren schönen Literatur in Deutschland«.

1834 Heine lernt Crescence Eugénie Mirat (1815-1883) kennen, nennt sie Mathilde und lebt mit ihr zusammen. »Der Salon I« (enthält Vorrede, Französische Maler, Gedichte, Aus den Memoiren des Herren von Schnabelewopski).

1835 Preußen erwirkt ein Verbot der Veröffentlichungen des »Jungen Deutschland«, zu dem auch Heine gerechnet wird. »Der Salon II« (enthält Vorrede, Zur Geschichte der Religion und Philosophie in Deutschland, Frühlingslieder).

1836 »Die Romantische Schule« (Erweiterung von »Zur Geschichte der neueren schönen Literatur in Deutschland«).

1837  »Der Salon III« (enthält Florentinische Nächte,
      Elementargeister).

1839  »Shakespeares Mädchen und Frauen«.

1840  »Ludwig Börne« und »Salon IV« (enthält Der Rabbi
      von Bacherach, Gedichte, Über die französische Bühne).

1841  Am 31. August heiratet Heine seine Gefährtin Mathilde.

1843  Erste Reise durch Deutschland nach Hamburg.

1844  Zweite Reise nach Hamburg. »Neue Gedichte« und
      »Deutschland. Ein Wintermärchen«. Salomon Heine
      stirbt. Erbschaftsstreit.

1847  »Atta Troll. Ein Sommernachtstraum«.

1848  Durch eine unheilbare Krankheit (Rückenmarks-
      erkrankung? Spätfolgen einer Syphilis?) ist Heine seit
      Mai ans Krankenbett gefesselt: »Matratzengruft«.

1851  »Romanzero« und »Der Doktor Faust«.

1855  Freundschaft mit Elise Krinitz (1828-1896), seiner
      »Mouche«.

1856  Am 17. Februar stirbt Heinrich Heine und wird am 20.
      Februar auf dem Montmartre-Friedhof begraben.

**Bauer, Prof. Dr. Anton** (1772 – 1843): Rechtswissenschaftler in Göttingen.

**Beer, Michael** (1800 – 1833): Schriftsteller, Bruder Meyerbeers.

**Beneke, Prof. Dr. George Friedrich** (1762 – 1844): Germanist in Göttingen.

**Beughem, Friedrich von** (1796 – ?): Jurist, Studienfreund Heines in Bonn.

**Bouterwek, Prof. Dr. Friedrich** (1766 – 1828): Philosoph in Göttingen.

**Brockhaus, Friedrich Arnold** (1772 – 1823): Verlagsbuchhändler in Leipzig.

**Bürger, Gottfried August** (1747 – 1794): Dichter und Professor in Göttingen.

**Byron, George Gordon Noel Lord** (1788 – 1824): englischer Dichter.

**Campe, Julius** (1792 – 1867): Verlagsbuchhändler in Hamburg, Heines Verleger seit 1826.

**Christiani, Rudolf** (1797 – 1858): Jurist, Freund Heines.

**Cotta, Johann Friedrich von** (1764 – 1832): Verlagsbuchhändler in Stuttgart.

**Cotta, Johann Georg von** (1796 – 1863): Verlagsbuchhändler in Stuttgart.

**Diepenbrock-Grüter, Ludwig Freiherr von** (1804 – 1870): Jurist, Studienfreund Heines in Göttingen

**Dörne, Carl** (Lebensdaten nicht zu ermitteln): Handlungsreisender aus Osterode.

**Donndorf, Maximilian** (1805 – 1838): Journalist.

**Dümmler, Friedrich Heinrich Georg Ferdinand** (1777 – 1846): Verlagsbuchhändler in Berlin.

**Eichhorn, Prof. Dr. Johann Gottfried** (1752 – 1827): Orientalist in Göttingen.

**Embden, Charlotte** (1800 – 1899): Heines Schwester.

**Embden, Moritz** (1790 – 1866): Kaufmann in Hamburg, verheiratet mit Heines Schwester.

**Fouqué, Baron Friedrich de la Motte** (1777 – 1843): Schriftsteller.

**Friedländer, Moses** (1774 – 1840): Bankier in Berlin.

**Gans, Eduard** (1798 – 1839): Prof. der Rechtswissenschaft in Berlin.

**Gellert, Christian Fürchtegott** (1715 – 1769): Schriftsteller.

**Geßner, Salomon** (1730 – 1788): Schweizer Schriftsteller und Maler.

**Goethe, Johann Wolfgang von** (1749 – 1832): Dichter, Besuch von Heine am 2.10.1824.

**Grillparzer, Franz** (1791 – 1872): Schriftsteller.

**Grimm, Gottlob Christian** (1771 – 1844): evangelischer Pastor und Superintendent in St. Martin in Heiligenstadt.

**Grimm, Ludwig Emil** (1790 – 1863): Maler, Zeichner und Kupferstecher, jüngster der Brüder Grimm.

**Grüter:** s. Diepenbrock-Grüter.

**Gubitz, Friedrich Wilhelm** (1786 – 1870): Publizist, Herausgeber des »Gesellschafter«.

**Heine, Henry** (1774 – 1855): Makler, Bankier in Hamburg, Heines Onkel.

**Heine, Maximilian** (1807 – 1879): Arzt in St. Petersburg, Heines Bruder.

**Heine, Salomon** (1767 – 1844): Bankier in Hamburg, Onkel und Geldgeber Heines.

**Hillmar, Joseph** (1767 – 1828): Buchhalter.

**Hitzig, Julius Eduard** (1780 – 1849): Jurist und Schriftsteller.

**Hölty, Ludwig Christoph Heinrich** (1748 – 1776): Lyriker, Mitbegründer des »Göttinger Hain«.

**Hoffmann, E.T.A.** (Ernst Theodor Amadeus) (1776 – 1822): Jurist, Schriftsteller, Komponist und Zeichner.

**Hugo, Prof. Dr. Gustav** (1764 – 1844): Rechtswissenschaftler in Göttingen, hat Heine examiniert und promoviert.

**Immermann, Karl Leberecht** (1796 – 1840): mit Heine befreundeter Schriftsteller.

**Irving, Washington** (1783 – 1859): amerikanischer Schriftsteller.

**Jahn, Friedrich Ludwig** (1778 – 1852): »Turnvater«, Pädagoge, Politiker.

**Kamptz, Karl Albert von** (1769 – 1849): Direktor des Preußischen Polizei- und Justizministeriums in Berlin.

**Kitzler, Hinrich** (Lebensdaten nicht zu ermitteln): Studienfreund Heines in Göttingen.

**Klingemann, Ernst August Friedrich** (1777 – 1831): Dramatiker, Leiter des Braunschweiger Nationaltheaters.

**Knille, Georg** (1803 – 1866): Jurist, Studienfreund Heines in Göttingen.

**Lachmann, Dr. Friedrich** (1800 – 1828): Gymnasiallehrer und Assistent in der Göttinger Universitätsbibliothek (abgekürzt »Dr. L«), Stiefbruder des Philologen Karl Lachmann.

**Laube, Heinrich** (1806 – 1884): Schriftsteller und Journalist.

**Lehmann, Joseph** (1801 – 1873): Journalist.

**Leßmann, David** (1794 – 1831): Schriftsteller.

**Ludwig, Charlotte** (Lebensdaten nicht zu ermitteln): Kellnerin in der Landwehrschänke, das »Lottchen von der Landwehr«.

**Lüder, Wilhelm** (1804 – 1872): Göttinger Student, bekannt durch seine Körperkraft.

**Mackeldey, Ferdinand** (1784 – 1834): Staatsrechtslehrer in Bonn.

**Meister, Prof. Dr. Georg Jacob Friedrich** (1755 – 1832): Rechtswissenschaftler in Göttingen.

**Mertens, Johann Georg Ludwig** (1803 – 1835): Theologe, Pädagoge, Studienfreund Heines in Göttingen.

**Moser, Moses** (1796 – 1838): Bankangestellter, Mitbegründer des »Jüdischen Kulturvereins« in Berlin, eng mit Heine befreundet.

**Münchhausen, Gerlach Adolph Freiherr von** (1688 – 1770): Hannoverscher Staatsminister und erster Kurator der neugegründeten Göttinger Universität.

**Oesterley, Ferdinand** (1802 – 1858): Jurist, Studienfreund Heines, später Bürgermeister von Göttingen, komponierte und vertonte Gedichte von Heine.

**Percy, Thomas** (1729 – 1811): englischer Schriftsteller.

**Peters, Adolf** (1803 – 1876): Gymnasiallehrer, Studienfreund Heines in Göttingen.

**Platen, August Graf von** (1796 – 1835): Dichter, hatte Fehden mit Heine.

**Robert, Friederike, geb. Braun** (1795 – 1832): Gattin und Mitarbeiterin von Ludwig Robert, von Heine sehr verehrt.

**Robert, Ludwig** (1778 – 1832): Schriftsteller, Bruder von Rahel Varnhagen.

**Rousseau, Johann Baptist** (1802 – 1867): Literat, Studienfreund Heines in Bonn.

**Sartorius, Prof. Dr. Georg Freiherr von Waltershausen** (1766 – 1828): Historiker in Göttingen.

**Schlegel, August Wilhelm von** (1767 – 1845): Schriftsteller, Sprach- und Literaturwissenschaftler.

**Schwietring** (Lebensdaten nicht zu ermitteln): Student in Göttingen.

**Scott, Sir Walter** (1771 – 1832): schottischer Schriftsteller.

**Siemens, Georg** (? – 1847): Jurist, Studienfreund Heines in Göttingen.

**Spitta, Philipp** (1801 – 1859): Kirchenliederdichter, während seines Göttinger Theologiestudiums mit Heine bekannt.

**Steinmann, Friedrich Arnold** (1801 – 1875): Schriftsteller, Schulfreund Heines in Düsseldorf und Kommilitone in Bonn.

**Stolberg, Friedrich Leopold Reichsgraf zu** (1750 – 1819): Schriftsteller, Mitglied des »Göttinger Hain«.

**Straube, Heinrich** (1794 – 1847): Philologe, Herausgeber der Zeitschrift »Wünschelruthe«, an der u. a. die Brüder Grimm und Brentano mitarbeiteten. Mit Heine befreundet seit dem ersten Studienjahr in Göttingen.

**Strodtmann, Adolf** (1829 – 1879): Herausgeber der ersten Gesamtausgabe von Heines Werken und Autor der ersten großen Heine-Biographie.

**Varnhagen von Ense, Karl August** (1785 – 1858): preußischer Diplomat und Schriftsteller.

**Varnhagen von Ense, Rahel, geb. Levin** (1771 – 1833): Ehefrau von Karl August Varnhagen, Schriftstellerin und Mittelpunkt ihres Berliner Salons, in dem auch Heine verkehrte.

**Voß, Johann Heinrich** (1751 – 1826): Dichter, Mitglied des »Göttinger Hain«.

**Voß, Julius von** (1768 – 1832): Schriftsteller.

**Wedekind, Eduard** (1805 – 1885): Jurist, Studienfreund Heines in Göttingen.

**Wiebel** (auch Wibel), **Wilhelm** (1800 – 1864): Jurist, Student in Göttingen, mit dem Heine sich duellieren wollte.

**Wolf, Friedrich August** (1759 – 1824): Klassischer Philologe und Altertumswissenschaftler.

**Zunz, Leopold** (1794 – 1886): Theologe, Mitbegründer des »Verein für Cultur und Wissenschaft der Juden«.

# 4. LITERATURVERZEICHNIS

## Textausgaben

**Heinrich Heine: Sämtliche Schriften.** Herausgegeben von Klaus Briegleb. Sechs Bände in sieben Bänden. München 1968 – 1976, Carl Hanser Verlag. (Zitiert: B)

**Heinrich Heine: Historisch-Kritische Gesamtausgabe der Werke** (Düsseldorfer Ausgabe). Herausgegeben von Manfred Windfuhr. 16 Bände. Hier Band 6: Briefe aus Berlin, Über Polen, Reisebilder I/II. Text und Apparat bearbeitet von Jost Hermand. Hamburg 1973, Verlag Hoffmann und Campe. (Zitiert: DHA)

**Heinrich Heine: Die Harzreise.** Textrevision und Anmerkungen von Manfred Windfuhr, Nachwort von Friedrich Sengle. Stuttgart 1955, Verlag Philipp Reclam jun. (Zitiert: RUB)

**Heinrich Heine: Briefe.** Erste Gesamtausgabe nach den Handschriften. Herausgegeben und eingeleitet von Friedrich Hirth. Sechs Bände in zwei Bänden, 2. Auflage. Mainz 1965, Florian Kupferberg Verlag. (Zitiert: Hirth)

## Sekundärliteratur

**Begegnungen mit Heine. Berichte der Zeitgenossen.** Herausgegeben von Michael Werner in Fortführung von H. H. Houbens »Gespräche mit Heine«. Band 1: 1797 – 1846, Band 2: 1847 – 1856 und Ergänzungen. Hamburg 1973, Verlag Hoffmann und Campe. (Zitiert: Werner)

Heine-Jahrbuch 1968, 7. Jahrgang. Herausgegeben vom Heine-Archiv Düsseldorf. Verlag Hoffmann und Campe. (Zitiert: JB68)

Bernd Kortländer: Heinrich Heine. Stuttgart 2003, Verlag Philipp Reclam jun. (Zitiert: Kortländer)

Joseph A. Kruse: Heinrich Heine. Leben und Werk in Daten und Bildern. Frankfurt/M.1983, Insel Verlag.

Fritz Mende: Heinrich Heine. Chronik seines Lebens und Werkes. Zweite, bearbeitete und erweiterte Auflage. Stuttgart 1981, Verlag W. Kohlhammer. (Zitiert: Mende)

August Ohage: Der Traum von der Göttinger Bibliothek. Heines Harzreise von innen gelesen. In: Bibliothek und Wissenschaft Band 36/2003. Wiesbaden 2004, Harrassowitz Verlag.

Jeffrey L. Sammons: Heinrich Heine. Stuttgart 1991, J. B. Metzlersche Verlagsbuchhandlung.

Ferdinand Schlingensiepen: Heines Taufe in Heiligenstadt. In: Ferdinand Schlingensiepen und Manfred Windfuhr (Hg.): Heinrich Heine und die Religion, ein kritischer Rückblick. Ein Symposium der Evangelischen Kirche im Rheinland vom 27. – 30. Oktober 1997. Düsseldorf 1998, Archiv der Evangelischen Kirche im Rheinland. (Zitiert: Schlingensiepen)

Eduard Wedekind: Studentenleben in der Biedermeierzeit. Ein Tagebuch aus dem Jahre 1824. Herausgegeben von H.H. Houben. Unveränderter Nachdruck der Ausgabe von 1927. Göttingen 1984, Vandenhoeck & Ruprecht. (Zitiert: Wedekind)

# Göttingen im Satzwerk Verlag

Thomas Ahlers / Volker Dehs:
Mac und Mufti. Punk in Ebergötzen
56 Seiten, broschiert, 8,– Euro
ISBN 3-930333-25-2

F.W. Bernstein: Der Untergang Göttingens und andere
Kunststücke in Wrt & Bld
Hrsg. von Peter Köhler
190 S., broschiert, 15,– Euro
ISBN 3-930333-31-7

Robert Gernhardt: Gernhardts Göttingen
Hrsg. von Thomas Schaefer
96 S., Fadenheftung, fester Einband, 14,– Euro
ISBN 3-930333-22-8

Hier trieft der Honig der Erkenntnis
Das Göttingen-Lesebuch
Hrsg. von Peter Köhler und Thomas Schaefer
194 S., kartoniert, 14,– Euro
ISBN 3-930333-45-7

Im Inneren das Gold des Himmels
Der Flügelaltar der Göttinger St. Jacobi-Kirche
Hrsg. von Dirk Tiedemann
126 S., zahlr., zumeist farb. Abb., kartoniert, 19,80 Euro
ISBN 3-930333-46-5

Ilse Lege: Der Barbier vom Albaniplatz
215 S., gebunden, 19,– Euro
ISBN 3-930333-35-X

Ilse Lege: Herr Kramer, Gespenster.
Erinnerungen 1933-1949
200 S., Fadenheftung, fester Einband, 16,– Euro
ISBN 3-930333-07-4

# *Roderich Schmidt im Satzwerk Verlag*

Roderich Schmidt (Hg.):
In Göttingen erlebt. Lebenszeugnisse bedeutender
Persönlichkeiten des 20. Jahrhunderts
248 Seiten, broschiert, 14,- Euro
ISBN 3-930333-41-4

Ein umfassender Streifzug durch das Göttingen des
20. Jahrhunderts: Lou Andreas-Salomé, Max Born,
Alois Brandstetter, Horst Ehmke, Robert Gernhardt,
Curt Goetz, Otto Hahn, Hannah Vogt, Richard von
Weizsäcker, Arnold Zweig und viele andere erzählen
in autobiografischen Texten von studentischer Idylle,
existenziellen Erfahrungen in Zeiten von Diktatur
und Krieg, Einschnitten und Aufbrüchen in einem
dramatischen Jahrhundert und von vielen unbekannten Facetten Göttinger Alltags-, Kultur- und Zeit-
geschichte – ein spannendes, lebendiges Lesebuch.

»Das Buch lädt ein zum Hinabtauchen in fremde
Erinnerungen, aus denen auch eigene wieder lebendig werden können. Roderich Schmidt gebührt
das Verdienst, daraus ein facettenreiches, fesseln-
des Zeitbild zusammengesetzt zu haben.«

*Göttinger Tageblatt*

**Satzwerk Verlag Göttingen · www.satzwerk.de**